삼세 동거의 한자음 체계

―한자어 한자 관계어 연구―

지은이 정인갑

출생: 1947년 8월, 중국 요녕성 무순시.

학력: 북경대학 중문학과 고전문헌 전공 졸.

직장: 중화서국 편집부장(1982년 1월~2008년 9월),
청화대학 중문학과 객좌교수(1993년 9월~2008년 9월).

학술배경: 중국음운학(音韻學)연구회 6선 이사. 중국사서(辭書)학회 회원.

논문: 중국어 발달사에 관한 논문 십여 편(중문·국문).

저서: 중국어 사전(辭典), 자전(字典) 12종(獨著·合著·監修 포함, 중국: 중화서국, 중문).
『古文觀止 譯註』(합작, 중국: 북경대학출판사, 중문), 『중국문화.COM』(한국: 다락원, 국문), 『영산신씨 서간문 선집』(한국: 황하문화원, 국문), 『한국 고서정리 오류 해제』(한국: 한국학술정보, 국문), 『중국의 문화와 중국인의 기질』(한국: 한국학술정보, 국문).

책임편집(중국: 중화서국, 중문): 『速成古代漢語』(2004), 『古代漢語教程』(2002), 『現代漢語』(2005), 『古代漢語』(2006).

역서: 『백락천 논문집』(백낙천 저, 중국: 작가출판사, 중문), 『나의 부친 등소평』(등용 저, 삼문출판사, 국문), 『2천년 신한국』(김영삼 저, 중국: 인민출판사, 국문), 『일본에 말하다』(정몽준 저, 중국: 북경대학출판사, 중문) 등 500여 만 자.

삼세 동거의 한자음 체계
—한자어 한자 관계어 연구—

ⓒ정인갑, 2023

1판 1쇄 인쇄_2023년 03월 20일
1판 1쇄 발행_2023년 03월 30일

지은이_정인갑
펴낸이_양정섭

펴낸곳_경진출판
등록_제2010-000004호
이메일_mykyungjin@daum.net
사업장주소_서울특별시 금천구 시흥대로 57길(시흥동) 영광빌딩 203호
전화_070-7550-7776 팩스_02-806-7282

값 15,000원
ISBN 979-11-92542-32-4 93710

삼세 동거의 한자음 체계

―한자어 한자 관계어 연구―

정인갑 지음

경진출판

책머리에

필자가 북경대학 중문학과에서 배운 전공은 중문학과 고전문헌전공이다. 고전문헌전공은 중국의 고서를 연구, 정리하는 인재를 배양하는 것을 목표로 하는 전공이다. 중국고서를 연구, 정리하려면 음운학의 지식이 높아야 한다. 그러므로 기초과목으로 한어음운학 과목을 배웠다.1) 다행히 저명한 학자 주조모周祖謨 교수에게서 한 번, 당작번唐作潘 교수에게서 한 번, 두 번 배웠으므로 음운학의 견실한 기초를 닦을 수 있었다.

필자의 한국어는 초중고교에서 배운 것이 전부이다. 다행히 고전문헌전공을 하면서 어학고서를 정리·연구하려는 목표를 세우고 어학공부에 열중하였다. 한어발달사와 한국어발달사의 학습에 몰두하였었다. 그러므로 한국어도 웬만한 수준에 도달할 수 있었다.

필자는 1982년 한어음운학音韻學연구회의 회원으로 되었다. 1986년부터는 해당 연구회의 이사로 당선되었으며 2006년까지 6선 이사를 역임하였다. 음운학은 한자의 독음 및 2천~3천여 년간 한자의

---

1) 이 책에서는 '중국어'를 일률 '한어'로 표현한다.

독음이 어떻게 변화, 발전하였는가를 연구하는 학문이다. 그 사이 한국어 한자음에 관한 논문 몇 편을 썼으며 『한어음운학연구』 학술지에 발표도 되었다.

한자음을 연구하는 데는 한국어 발달사에 관한 지식이 당연 필요하지만 한어음운학 지식을 더욱 필요로 한다. 그러므로 감히 한자음을 연구한 논문을 쓸 수 있었다. 만약 한어음운학 지식이 약하면 한자음을 깊이 연구하기 어렵다. 지금까지 많은 학자들이 한국어 한자음을 연구한 논문과 저서를 썼지만 그들의 한어음운학 수준이 낮기 때문에 그리 잘 씌어지지 못했다고 생각해 왔었다. 그러므로 수십 년의 연구 성과를 종합하여 이 책을 써내는 바이다.

'夷戎'의 상고 한어음은 '뎨넘'이고 현대 한국어 한자음은 '이융'이다. 지금 한국어의 야만민족을 일컫는 단어 '되놈'의 어원은 사실 '夷戎'-'뎨넘'이다. '이융'은 한자어이고 '되놈'은 고유어이다. '동무'의 유래는 '同謀(동모)'이다. '동모'는 한자어이고 '동무'는 고유어이다. '되놈'과 '동무'는 한자어가 아니지만 한자에서 유래하였으므로 필자는 이런 고유어를 '한자 관계어'라고 부른다. 이 책에 이런 단어들을 꾀나 많이 언급하였으므로 이 책의 부제를 '한자어 한자 관계어 연구'라고 하였다.

필자의 수준 미달로 많은 부족점이 있으리라 생각되며 독자들의 기탄없는 비평을 바라는 바이다.

2023년 1월

정인갑 서울 자택에서

차례

제 1 장

삼세 동거의 한자음 체계

한어는 상고上古, 중고中古, 근대, 현대 등 4개 단계로 나뉜다. 상고
는 3세기 이전의 한어이고 중고는 4~12세기의 한어이며 근대는
13세기~1919년 5·4운동까지의 한어이고 현대는 1919년 5·4운동
부터 지금까지의 한어이다.

　보통 한국어 발달사를 운운할 때 한자어는 중고 한어의 어음체
계라는 견해뿐이다. 실제 상황은 어떠한가? 이 장에서 이 문제를
심층 검토하며 한자음 체계는 중고 한어의 어음체계가 위주이지만
상고 한어, 근대 한어의 어음도 섞여 있음을 피력하며 한자음의
어음체계는 상고 한어, 중고 한어, 근대 한어의 어음체계가 삼세
동거하는 체계임을 피력하고자 한다.

1. 대체로 본 『훈몽자회』의 한자음의 체계

한자음은 중고 한어의 어음체계임이 정설처럼 되어 있으므로 먼저 중고 한어음을 나타내는 대표적인 운서—206가지 운이 수록된 『광운廣韻』의 어음체계와 비교하련다.

그러면 한자음은 어느 음을 표준으로 할 것인가? 현행 한자음으로 할 수는 없다. 왜냐하면 한국어 어음체계의 변화에 따라 변한 한자음을 한어의 음과 직결시킬 수 없기 때문이다. 이를테면 '天'자의 상고 한어, 중고 한어, 근대 한어 및 현대 한어의 음은 모두 [tʼien]이다. 이 음이 한국어에 입수되어 '텬'으로 읽다가—『훈몽자회』의 음이 바로 '텬'이다—한국어 자체의 변화 규율에 따라 구개음화 하여 '텬 → 천'으로 되었다가 언어의 간략화 규율에 의해 '천 → 천'으로 되었다. '텬'이 '천'으로, '천'이 '천'으로 변한 것은 한어와 상관없이 한국어 자체의 변화 규율에 의하여 이루어진 것이다. 그러므로 한자음의 체계를 연구할 때 '天/천'을 표준으로 할 수 없다. 마땅히 '天/텬'을 표준으로 하여야 한다.

한자음의 어음계통을 연구하는 데 가장 적절한 한국어 자료는 『훈몽자회』라고 필자는 주장한다. 1527년 탄생했으니 역사적으로 비교적 오래 되었고 또한 당시 한반도의 사람이 실제 사용한 언어이지 학자들이 인위적으로 만든 것이 아니다. 이에 반해 『동국정운東國正韻』은 인위적으로 만들어 넣은, 한반도 사람이 실제 사용한 한자음이 아니므로 『동국정운』은 한자어의 어음체계를 연구하는 자료로 쓸 만한 가치가 없다.

1) 한어음운학 상식

『훈몽자회』음의 체계를 운운하기 전에 먼저 한어음운학의 기본 지식을 알아야 한다. 한어음운학에 성모聲母, 운모韻母란 개념이 있다. '성모'는 한국어의 '초성'과 같은 개념이고 '운모'는 한국어의 '중성 +종성'에다 성조를 가한 개념이다. 아래의 도표로 표시한다.

<table>
<tr><td></td><td>초 성</td><td colspan="2">중 성 + 종 성</td><td></td><td>초 성</td><td colspan="2">중 성 + 종 성</td></tr>
<tr><td></td><td>성모</td><td>운</td><td>모</td><td></td><td>성모</td><td>운</td><td>모</td></tr>
<tr><td></td><td>聲母</td><td>韻</td><td>母</td><td></td><td>聲母</td><td>韻</td><td>母</td></tr>
<tr><td>莊_장:</td><td>z h</td><td>u a</td><td>n g</td><td>姜_강:</td><td>j</td><td>i a</td><td>n g</td></tr>
<tr><td></td><td>介音
개음</td><td>韻腹
운복</td><td>韻尾
운미</td><td></td><td>介音
개음</td><td>韻腹
운복</td><td>韻尾
운미</td></tr>
</table>

개음이 u/w인 운을 합구운合口韻이라 하고 u/w개음이 없는 운을 개구운開口韻이라 한다. 종성이 없는 운을 음성운陰聲韻이라 하고 종성이 -m, -n, -ŋ인 운을 양성운陽聲韻이라고 하며 종성이 -p, -t, -k인 운을 입성운入聲韻이라고 한다.

상고 한어에는 32가지 성모가 있다.[2]

후　음喉　音: 見k 溪kʻ 群g 疑ŋ 曉x 匣ɣ 影○;

설두음舌頭音: 端t 透tʻ 餘d 定dʻ 泥n 來l;

---

2) 상고 한어의 성모, 운부, 중고 한어의 성모는 모두 왕력王力의 『한어사고』에 준한다.

설면음舌面音: 章ʨ 昌ʨʰ 船dʑ 書ɕ 禪z 日ȵ;

치두음齒頭音: 精ts 清tsʰ 從dz 心s 邪z;

정치음正齒音: 莊tʃ 初tʃʰ 崇dʒ 山ʃ;

순 음脣 音: 幫p 滂pʰ 並bʰ 明m.

상고 한어에는 29가지 운부가 있으며 11가지 유형으로 나뉜다.

유별	음성운	입성운	양성운
제1류	之-e	職-ek	蒸-eŋ
제2류	幽-eu	覺-euk	
제3류	宵-au	藥-auk	
제4류	侯-o	屋-ok	東-oŋ
제5류	魚-ɑ	鐸-ɑk	陽-ɑŋ
제6류	支-e	錫-ek	耕-eŋ
제7류	脂-ei	質-et	眞-en
제8류	微-əi	物-ət	文-ən
제9류	歌-a	月-at	寒-an
제10류		緝-əp	侵-əm
제11류		葉-ap	談-am

중고 한어 『광운』에는 35가지 성모가 있다.

후 음喉 音: 影○ 餘j 曉x 匣ɣ;

아 음牙 音: 見k 溪kʰ 群g 疑ŋ;

설두음舌頭音: 端t 透tʰ 定dʰ 泥n 來l;

설상음舌上音: 知ʈ 徹ʈʰ 澄ɖʰ;

치두음齒頭音: 精ts 淸ts' 從dz 心s 邪z;

정치음正齒音: 莊ʃ 初tʃ' 崇dʒ 山ʃ;

치상음齒上音: 章tɕ 昌tɕ' 船dʑ 書ɕ 禪ʑ 日nʑ;

순 음脣 音: 幫p 滂p' 並b 明m.

『광운』에는 206가지 운이 있으며 아래 표 안의 유별란에 제시하
였다. 평, 상, 거 삼성은 성조만 다르고 음가는 같으므로 평성에만
음가를 표시하였다.

유별	음성운	양성운	입성운
1 東董送屋		東uŋ,ĭuŋ	屋uk,ĭuk
2 冬○宋沃		冬uoŋ	沃uok
3 鍾腫用燭		鍾ĭwoŋ	燭ĭwok
4 江講絳覺		江ɔŋ	覺ɔk
5 支紙寘	支ĭe,ĭwe		
6 脂旨至	脂i,wi		
7 之止志	之ĭə		
8 微尾未	微ĭəi,ĭwəi		
9 魚語御	魚ĭo		
10虞麌遇	虞ĭu		
11模姥暮	模u		
12齊薺霽	齊iei,iwei		
13○○祭	祭ĭɛi,ĭwɛi		
14○○泰	泰ɑi,uɑi		
15佳蟹卦	佳ai,wai		
16皆駭怪	皆ɐi,wɐi		
17○○夬	夬æi,wæi		
18灰賄隊	灰uɒi		

유별	음성운	양성운	입성운
19哈海代	哈ɒi		
20○○廢	廢ĭɐi,ĭwɐi		
21眞軫震質		眞ĭɐn,ĭwɐn	質ĭɐt,iwɐt
22諄準稕術		諄uen	術ĭuet
23臻○○櫛		臻ĭen	櫛ĭet
24文吻問物		文ĭuən	物ĭuət
25欣隱焮迄		欣ĭən	迄ĭət
26元阮願月		元ĭen,iwɐt	月iet,iwɐt
27魂混慁沒		魂uən	沒uət
28痕很恨○		痕ən	* ət
29寒旱翰曷		寒ɑn	曷ɑt
30桓緩換末		桓uɑn	末uɑt
31刪潸諫鎋		刪an,wan	鎋at,wat
32山産襉黠		山æn,wæn	黠æt,wæt
33先銑霰屑		先ien,iwen	屑iet,iwet
34仙獮線薛		仙ĭɛn,ĭwɛn	薛ĭɛt,ĭwɛt
35	蕭ieu		
36	宵ĭɛu		
37	肴au		
38	豪ɑu		
39	歌ɑ		
40	戈uɑ		
41	麻a,ia,wa		
42陽養漾藥		陽ĭaŋ,ĭwaŋ	藥ĭak,ĭwak
43唐蕩宕鐸		唐aŋ,uaŋ	鐸ak,uak
44庚梗映陌		庚ɐŋ,ĭɐŋ, wɐŋ,ĭwɐŋ	陌ɐk,ĭɐk, wɐk,ĭwɐk
45耕耿諍麥		耕æŋ,wæŋ	麥æk,wæk
46清靜勁昔		清ĭɛŋ,ĭwɛŋ	昔ĭɛk,ĭwɛk
47青迥徑錫		青ieŋ,iweŋ	錫iek,iwek
48蒸拯證職		蒸ĭəŋ,ĭwəŋ	職ĭək,ĭwək
49登等嶝德		登əŋ,uəŋ	德ək,uək

유별	음성운	양성운	입성운
50	尤ĭəu		
51	侯əu		
52	幽iəu		
53侵寢沁緝		侵ĭĕm	緝ĭĕp
54覃感勘合		覃ɒm	合ɒp
55談敢闞盍		談ɑm	盍ɑp
56鹽琰艷葉		鹽ĭɛm	葉ĭɛp
57添忝桥㨾帖		添iem	帖iep
58咸豏陷洽		咸ɐm	洽ɐp
59銜檻鑑狎		銜am	狎ap
60嚴儼釅業		嚴ĭɐm	業ĭɐp
61凡范梵乏		凡ĭwɐm	乏ĭwɐp

음가가 비슷한 운을 16가지로 묶었는데 이를 '섭攝'이라 한다. 1. 通攝(東冬鍾), 2. 江攝(江), 3. 止攝(支脂之微), 4. 遇攝(魚虞模), 5. 蟹攝 (齊佳皆灰咍祭泰夬廢), 6. 臻攝(眞諄臻文欣魂痕), 7. 山攝(元寒桓刪山先 仙), 8. 效攝(蕭宵肴豪), 9. 果攝(歌戈), 10. 假攝(麻), 11. 宕攝(陽唐), 12. 梗攝(庚耕淸靑), 13. 曾攝(蒸登), 14. 流攝(尤侯幽), 15. 深攝(侵), 16. 咸 攝(覃談鹽添咸銜嚴凡) 등이 그것이다. 뒤의 문장에 '止攝'라는 술어가 자주 등장하게 된다.

한자음의 체계를 연구하는 일환으로 먼저 『훈몽자회』의 어음체 계에 착안한다. 다음에 우선 『훈몽자회』의 일람표를 제시한다.

2) 『훈몽자회』 일람표

上1	冬동	歲세	霞하	岸안	郊교
天文	晝듀	年년	嵐남	巖암	甸뎐
天텬	夜야	閏슌	霧무	嶂쟝	坪평
地디	寒한	臘납	虹홍	嶺령	野야
霄쇼	暑셔	時시	霓예	峴현	疆강
壤샹	晌샹	晷구	蝃톄	崗강	礫륵
乾건	晚만	漏루	蝀동	巓뎐	沙사
坤곤	昏혼	刻극	霖림	峒동	磧젹
宇우	暮모	雷뢰	凍동	麓록	礁쵸
宙듀	早조	電뎐	潦로	丘구	石셕
日실	晨신	霹벽	旱한	原원	島도
月월	曉효	靂력		皐고	嶼셔
星성	曙셔	風풍	上2	阜부	湖호
辰신	朔삭	雨우	地理	坡파	海희
陰음	旬슌	霜상	山산	阪판	淵연
陽양	望망	露로	嶽악	陵릉	川천
節졀	晦회	雪셜	峯봉	陸륙	溪계
候후	宵쇼	霰션	岫슈	泥니	澗간
春츈	旦단	冰빙	壑학	土토	江강
夏하	朝됴	雹박	谷곡	嶔감	河하
秋츄	夕셕	雲운	崖애	垤딜	汀뎡

洲쥬	洋양	湄미	疆강	薔쟝	菖챵
渚져	派패	路로	域역	薇미	蒲포
沚지	濆분	途도	田뎐	葵규	蘭란
濤도	涯애	徑경	園원	梅미	荻뎍
浪랑	潭담	蹊계	場댱	蘼텩	蒹겸
瀾란	湫츄	衢구	圃보	蘼톡	萑환
波파	涔줌	逵규	苑원	蓮련	葵담
津진	瀧상	岔차	囿유	荷하	葭가
梁량	沮져	歧기	林림	芙부	葦위
潮됴	迦셔	堤뎨	藪수	葉거	蘆로
汐셕	窪와	堰언	壟롱	槿근	蔦오
灘탄	澤퇵	腼잡	畈판	蕣슌	藍구
瀨뢰	溔오	壩패	畹완	梔지	芭파
湍단	潢황	衚호	畛딘	菊국	蕉쵸
渦와	瀦뎌	衖동	畦규		菟토
浦보	陂피	巷항	疇듀	**上4**	蔯ᄉ
激셔	潦료	陌뫼	畎견	草卉	瓠호
港항	瀦홍	關관	畝모	芝지	瓤로
汊차	泡포	隘익		蘭란	莓미
井졍	漚구	塞시	**上3**	篁횡	苔틱
泉쳔	淀뎡	徼교	花品	竹듁	薄담
沼쇼	濼박	境경	芍샥	莞관	蘚션
塘당	蕩탕	界계	藥약	蓀손	葎률

菓시	蒨쳔	楓풍	櫟륵	杏힝	櫇빈
芃환	萱훤	桑상	穌소	芋셔	樓파
薊계	藍남	檿염	松숑	橡샹	苺미
苧뎌	葒홍	柘쟈	籐등	柿싀	葚심
麻마	稂랑	樫덩	枌줌	梂구	柑셤
䕷경	蒡유	枳기	椰욱	槙명	苟뎍
葛갈	稊뎨	荊형	樲싀	樿쟈	
菰괄	稗패	棘극	梓지	棠당	**上7**
甄루	藻표	樗뎌	楸츄	棣톄	禾穀
薜벽	萍평	橇칠		柑감	䅻리
荔례	藻죠	枌분	**上6**	柚유	䅽모
茺츙	蘋빙	楡유	菓實	橘귤	蕎교
蔚울		樺화	李니	橙둥	麥믹
崔츄	**上5**	椵가	棕내	椒쵸	麋미
蓷퇴	樹木	槐괴	桃도	榠연	稺졔
蘩번	梧요	蘗벽	楸무	樈빙	黍셔
艾애	桐동	楮뎌	梨리	柿시	稷직
蒿호	楊양	構구	栗률	芡감	粳경
蓬봉	柳류	榧비	橘금	莜역	糯나
菅관	檜회	槵환	榴류	芰기	秈션
茅모	栢빅	槲곡	榛진	菱릉	秔튤
蓂뎌	桂계	栩우	棗조	葡포	稻도
蹄뎨	椿츈	柞작	櫻잉	萄도	梁량

黐괘　藜례　蓿슉　菱파　鵂휴　鷗픙
粟속　莧현　薯셔　蘭하　鶹류　鷓ᄌ
薏의　蕡션　蕷여　苿부　鴞효　鵝로
苡이　楋싀　芥개　莒이　鵩복　鶴데
荏심　蕈심　薑쌍　蔞루　鵙됴　鶹호
鼴변　菌균　蘑마　葵규　鷲츄　鷄계
豌완　苦길　菇고　菜슈　鸛관　雉티
豇강　薑경　蘘샹　苊비　鶩목　鵝아
荳두　芫원　蒡방　　　鵲쟝　鴨압
菽슉　菱슈　蒿와　　　鶹횰　鴡져
　　匏포　苣거　上9　鶵독　鷗구

上8　蓼료　蕨궐　禽鳥　鷲츄　鷺셔
蔬菜　茴회　蘳별　鳳봉　鷗옹　鳧부
茄가　芹근　藕우　凰황　鷄거　鶬죠
苽과　蘿라　蘇소　鸞란　鵲척　鷯료
葱총　葡복　菠파　鶴학　鴒령　鶬창
蒜권　蔓만　菱룽　鴻홍　鵓볼　鸚졍
韭구　菁청　菪군　鴈안　鴿합　烏오
薤혜　菘숭　蓬달　鵂부　鴛렬　鴉아
葴즙　薺졔　蘆거　鵠곡　鳩구　鸒여
荀순　芋우　蕒미　鵙숭　鷂요　鵜ᄉ
蓼슴　蕈쑨　茢볼　鶻골　鶴젼　佳죠
苿튤　苜목　薺졔　鷹응　鷓신　雀쟉

梟효	翠취	鹿록	猪뎨	蝟위	蠤현
鵂익	鸚잉	麀우	豕시	豳분	鯨경
鷰연	鵡무	麋미	彘톄	鼠셔	鯢예
鳦을	鶱원	豺쇠	豚돈	鼯오	鰱련
鸚잉	鴦앙	狼랑	貉학	鼪싱	魴방
鸛례	鸕로	猵빈	狟훤		鰻만
鳲시	鷟ᄌ	獺달	狐호	**上11**	鱺리
鶴궤		獼미	狸리	鱗介	鰍츄
鴰알	**上10**	猴후	熊웅	龍룡	鱔션
鷞국	獸畜	猢호	羆비	龜귀	鮒부
鶴암	麒긔	猻손	驢틱	黿원	鯽즉
鶉순	麟린	犀셔	駝타	鼈별	鱖궐
鳶연	虎호	貂툐	狗구	螃방	鱸륵
鷗치	豹표	豨희	獒오	蟹히	鯔츼
鵲쟉	象샹	貓묘	犬견	蠣려	鰷됴
鶯흑	獅ᄉ	駒구	厖방	蟶뎡	鯖청
鳩규	狻산	犢독	馬마	蝦하	鱧례
鵑견	猊예	猩셩	牛우	肥과	魺하
鸂계	獐쟝	猿원	驢려	蚌방	魨돈
鵜틱	麕균	秥고	騾로	鰒박	鮎념
鷺로	麚포	雍력	猯단	蛤합	鰋언
鷥ᄾ	麝샤	羊양	獲환	蜊리	鯊사
翡비	麛미	羔고	兎토	蜃슌	鱸로

鰷종	蛐곡	電명	蜥셕	蠓몽	體톄
鯉리	蟮션	蛙와	蝎텩	蛆져	顔안
	蠐제	蟈국	蠑영	蜂봉	面면
上12	蟶조	蝌됴	蚖원	蛀쥬	形형
鯤蟲	蝸과	蟬션	螞마	蠹두	容용
蜘디	蠅승	蝰진	蚱자	蚍디	頭두
蛛듀	蛇샤	螳당	蝗황	蝐모	首슈
蚚척	蟒망	蚰유	螽죵	蠕예	頂뎡
蠖확	虺훼	蜒연	螺라	蝹옹	顖신
蛉령	蝮복	蠤즘	蜶ㅅ	蝦하	額익
蜊렬	蠆태	蛹용	蟹반	蟆마	顱로
蜻청	蠍헐	蝙편	蝥모	蟾섬	顁뎡
蜓덩	蚊문	蝠복	蟋실	蜍여	顙상
蟻쇼	虻밍	螳당	蟀솔	蝌과	頤싀
蛸쇼	蝥서	蜋랑	蟻의	蚪두	頰협
蟢희	蟦부	螻루	蚕공	蛞활	顴관
螯오	蚺이	蛄고	虼걸	蠹동	臉렴
蛺협	蜮위	蟫담	蚤조		頯볼
蝶뎝	蠌구	蜹비	蟻긔	上13	頸경
蛾아	蜙수	蜈오	蟲슬	身體	脰두
螢형	蛖강	蚣공	蜉부	身신	項항
蚯구	蜋량	蛭딜	蝣유	貌모	眼안
蚓인	螢경	蟥황	蠛멸	肢지	目목

睛청	舌셜	喉후	乳슈	膀방	骨골
瞳동	脣순	囖롱	毗비	胱광	髖ᄌ
眸모	吻믄	咽연	胦앙	髮발	髂각
瞼검	牙이	嗓상	脖발	鬚슈	跟근
眉미	齒치	耳ᄾ	臍졔	髭ᄌ	踵죵
睫첩	齗은	䐔타	背비	髯셤	跗부
鬢빙	腭악	鼻비	脊척	肚두	踝과
頤이	肱굉	準쥰	腰요	腹복	拇모
頷함	臂비	心심	脅려	腔강	趾지
頰히	手슈	肝간	腿퇴	脞광	足죡
胳각	掌쟝	脾비	胯과	呼호	脚각
腋익	指지	肺폐	髀비	吸흡	躬궁
肋륵	爪조	腸댱	股고	脈믹	影영
脇협	肘듀	胃위	尻고	息식	音음
肩견	腕완	膽담	脽슈	肌긔	聲셩
臑뇨	腓비	腎신	臀둔	膚부	性셩
腢우	踦긔	胸흉	肛항	膝주	情졍
胛갑	腨천	膣당	膝슬	膜막	志지
拳권	臁렴	膺웅	膕국	髑독	意의
膈과	脛형	臆억	䐴곡	髏루	哭곡
肐걸	胻힝	軀구	胖츄	腦노	泣읍
膊박	骹교	膈격	尿뇨	髓슈	笑쇼
口구	骭한	嬭내	脬포	骸히	哂신

		上14			
嗄얼	矮애	天倫	蘖얼	姪딜	僕복
噫애	鱸차	祖조	眷권	孫손	姆모
噴분	炮포	父부	族족	甥싱	嫗구
嚔톄	麕옹	爹다	妗금	婿셔	姥모
鬍호	鼾한	爺야	嫂수	孾영	媼오
禿독	溲수	媽마	嬸심	孩히	鰥환
胖팡	便편	婆파	娘냥	齠툐	寡과
臞구	戻시	考고	舅구	齔친	嫠리
眍두	糞분	妣비	姑고	幼유	孀상
眵치	屍비	母모	伯빅	沖튱	翁옹
齈농	屄쥬	孃냥	叔슉	孺슈	叟수
涕톄	屁피	妻쳐	兄형	稚티	耆기
沫말	糟비	妾첩	哥가	姓성	老로
淚류	眠면	姃특	昆곤	氏시	婚혼
湺타	睡슈	娌리	弟뎨	名명	姻인
涎연	夢몽	娣뎨	姨이	號호	嫁가
膿농	覺교	姒ᄉ	姐져	親친	娶취
血혈	欠흠	男남	姊ᄌ	戚쳑	精졍
液익	伸신	女녀	妹민	宗종	氣킈
汗한	寤오	夫부	兒ᄉ	系계	孕잉
齫포	寐미	婦부	童동	奴노	毓육
瞎할		嫡뎍	囝견	婢비	妊심
矬좌			子ᄌ	僮동	娠신

娩면	儁쥰	命명	呈뎡	國국	卒졸
産산	儒슈	諭유	牌패	辟벽	伍오
孿솬	章쟝	詔죠	引인	王왕	軍군
毓뉴	句구	敕틱	簿부	公공	丁뎡
鞠국	文문	誥고	牒텹	侯후	泗슈
育육	字ᄌ	旨지	稿고	宰ᄌ	迷미
	典뎐	榜방	批피	相샹	游유
上15	籍젹	令령		將쟝	泳영
儒學	經경	法법	中1	帥슈	備용
庠샹	史亽	例례	人類	駙부	雇고
序셔	冊칙	符부	皇황	卿경	匠쟝
校교	篇편	契계	帝뎨	臣신	役역
塾슉	卷권	印인	君군	僚료	漁어
師亽	帙딜	璽亽	主쥬	員원	獵렵
傅부	筆필	簡간	后후	吏리	樵쵸
生싱	墨믁	帖텹	妃비	士亽	牧목
徒도	硯연	案안	嬪빙	隷예	染셤
詩시	紙지	牘독	嬙쟝	民민	畵화
書셔		疏소	儲뎌	氓밍	筭산
易역	上16	劄잡	副부	閹엄	曆력
禮례	書式	奏쥬	世셰	宦환	神신
科과	表표	啓계	代뎌	閽혼	佛불
第뎨	箋젼	狀장	邦방	闍시	鬼귀

魔마	呪츅	韃달	閤합	戶호	栭호
仙션	僧회	羌강	室실	牖유	陛폐
道도	商샹	虜로	堂당	窓창	墀디
尼니	賈고	刦겁	樓루	櫺령	階계
僧승	農농	盜도	閣각	壁벽	庭뎡
賓빙	工공	寇구	亭뎡	墉용	棟동
客긱	巫무	賊적	臺딗	垣원	樑량
羇긔	覡혁		闈위	墻쟝	楹영
旅려	媒미	**中2**	闥달	桁힝	柱듀
伴반	妁쟉	宮宅	廡무	㮮름	梲절
侶려	瞽고	宮궁	廊랑	簷쳠	椽연
友우	瞍수	闕궐	廈하	甍밍	桷각
朋붕	盲밍	宸신	寢침	溝구	榱최
娼챵	矇몽	殿뎐	埇용	渠거	礎초
妓기	東동	屋옥	隍담	瀆독	磉상
衕항	夷이	宅퇵	廥지	濱두	磧질
衕원	西셔	家가	院원	厠측	碣셕
傀괴	戎융	房방	廠챵	庮투	磚번
儡뢰	南남	廳텽	棚붕	圂혼	柵칙
優우	蠻만	廨히	軒헌	圊쳥	笓파
伶령	北븍	廬려	檻함	博박	籬리
醫의	狄뎍	舍샤	欄란	櫳롱	門문
卜복	倭와	闈규	楯순	椑폐	扉비

椳외	寰환	市시	舘관	埃돌	錡긔
樞츄	畿긔	廛뎐	驛역	庖포	櫃궤
扃경	部부	行항	站참	廚듀	櫝독
櫶산	署셔	屯둔	鋪푸	炕강	庋기
焱염	曹조	堡보	倉창	竈조	机궤
廖이	局국	壕호	厫오	庵암	牀상
闓광	官관	池디	圂돈	觀관	榻탑
闑얼	府부	郛부	篅쳔	寺亽	凳등
閫곤	衙아	郭곽	囷균	刹찰	椅의
閾역	司亽	城셩	廩름	祠亽	卓탁
橋교	州쥬	隍황	帑탕	廟묘	盤쌘
梯뎨	郡군	閭려	庫고	壇단	槏합
矴강	縣현	閻염	牢뢰	壝유	鏊오
徛긔	邑읍	鄰린	獄옥		筵싀
	衛위	里리	圇령	**中4**	籮라
中3	所소	寨채	圉어	器皿	甄증
官衙	營영	墅셔	窨음	鼎뎡	箅비
朝됴	廄샹	村촌	窩와	鑊확	盌원
廷뎡	邸뎨	鄉향	穽졍	鼐내	楪뎝
京경	店뎜	墩돈	窯교	鼑亽	簞단
都도	埠부	堠후	陶도	釜부	箕긔
邊변	集집	烽봉	窰요	鍋과	匕비
鄙비	街개	燧슈	囪총	鬵심	匙시

筴협	斗두	籔추	筆로	樺휘	索삭
筋뎌	檕개	帘렴	篋협	樕이	紘굉
砑아	斛곡	槽조	筍ᄉ	幢당	綱강
碾년	糨강	榨자	籠롱	旛번	板판
磨마	糊호	厄치	箱샹	簾렴	漆칠
磑의	膠교	匜이	傘산	箔박	礬번
碓딕	蠟랍	甌구	蓋개	鏡경	藜치
臼구	杷부	盞잔	屛병	鑑감	桎딜
砧팀	柲필	甖영	宸의	奩렴	梏곡
杵져	柄병	缸항	袋딕	匣갑	枷가
筵연	欛파	瓮옹	帟호	鑽찬	杻류
席셕	樽준	甌강	囊낭	鑷녑	釱태
茵인	罍뢰	杯비	槖탁	錐쵸	錠착
薦천	鐺팅	鍾죵	帳댱	艫휴	鐐료
兀올	銚됴	舡굉	幬듀	鍼침	笞틱
簟덤	壺호	觴샹	幃위	熨울	燈등
枕침	瓶병	籃람	幔만	剪젼	燭쵹
褥쇽	勺쟉	簍루	帷유	尺척	檠경
秤칭	斝가	筥게	幌황	刷솨	篝구
衡형	壜담	筐광	幄악	櫛즐	煤미
錘튜	罐관	笊조	幕막	梳소	炭탄
權권	盆분	籬리	筬항	篦비	炬거
升승	盎앙	箬고	架가	繩승	爐로

蓑사	鑼산	鈴령	耬루	瓦와	盨례
笠립	鉗겸	鐸탁	磟록	甄전	綦긔
筬홍	鎚퇴	網망	磚독	瓴령	弈혁
覓현	坩감	罟고	綜종	甓벽	骰투
桔길	堝과	罾증	緯위	棍곤	枰평
槹고	鎖쇄	罝져	機긔	棒방	丈댱
轆록	鍉시	篼호	縢승	椎퇴	枴쾌
轤로	鍵건	罶류	帵완	楔셜	笻공
椹심	鑰약	笱구	繃붕	椿챵	杖댱
櫼질	鉋포	籗곽	匹필	橛궐	碫단
扇션	複침	耒리	幅복	椓탁	礪례
籃삽	杇오	粗스	筹부	杙익	砥지
鈹피	鏝만	鏵화	梭사	筲쇼	硎형
鉤구	錛분	犂례	箟구	桶통	鞦츄
鑭찰	鋸거	彈탄	筬성	綆경	轞천
鑱찬	斧부	繒증	楦원	繘흌	毬구
鎌렴	鑿착	弋익	籫약	瓷즈	鍵건
釤삼	鋤서	繳쟉	杼뎌	缶부	盂우
鍥결	钁확	鏊쵸	柚튝	坏비	鉢발
鋥딜	磁즈	鍤삽	籗슈	擊격	塔탑
鑢려	鎮긔	杷파	箒츄	秉쵸	龕함
錫탕	鐃요	枕흠	刀도	杓쟉	廄구
銼차	鈸발	枷가	鞘쇼	瓢표	櫪력

柳앙	饅만	炙적	羹샹	冠관	襀적
筊도	飿투	羹깅	脯포	冕면	袪거
簣궤	餠병	湯탕	腊석	襆복	袂몌
畚본	餌ㅅㅣ	虀제	肉슉	弁변	被익
篚비	餈ᄌ	豉시	鰜겸	巾건	袖슈
函함	饎고	油유	鮺자	帽모	袥탁
	糜미	醬쟝	鹽염	岕개	襠당
中5	粥죽	黴산	滷로	幘적	樺훤
饎食	饘전	餳셩	𩸦자	袍포	屐극
飯반	漿쟝	飴이	菹조	裘구	帕파
食식	糙조	糖당	糝참	衫삼	帨세
饗옹	糯랄	酒쥬	雁확	裳샹	衾금
殯손	米미	醴례	麵면	靴화	被피
餚효	粒립	釀발	麩부	鞋혜	紳신
饌찬	麨쵸	醅비	麩말	履리	帶ᄃㅣ
膳선	糗구	醪료	糊설	舃셕	銙과
饍슈	糇후	酶ㅁㅣ	茶다	裙군	鞓뎡
餛혼	粮량	酵교	茗명	襇간	笏홀
飩둔	醋초	麴국	糟조	裩군	佩패
餕산	醯혜	渾동	粕박	袴고	繰툐
餡함	醯히	酪락		韈말	繼슈
餺박	鮓자	酥소	**中6**	韤옹	紐뉴
飥탁	膾회	蜜밀	服飾	襪벽	紏구

綏슈	絮셔	船션	舷현	輨관	鞚공
繿영	縣면	艇뎡	艄쵸	轄할	勒륵
袈가	繭견	艘수	舳튝	軸튝	䡖긔
裟사	簪즘	帆범	艫로	轂곡	轆롱
衲납	筓계	篷봉	艦함	軺요	彎비
襖오	鎞비	桅위	舶빅	韁강	靶파
襁강	釵차	檣쟝	艚조	輪륜	靮덕
褓보	珥ᄉ	纜람	艑편	輔보	韁강
褯쟈	瑝당	碇뎡		輞망	銜함
襽붕	釧천	艣노	**中8**	轜거	鑣표
領령	環환	舵타	車輿	轑료	鐙등
襟극	脂지	漳패	車거	輻복	靳결
襟금	膏고	筏벌	輛량		鞭편
衽심	䐉연	舫방	輜치	**중9**	檛좌
袺협	䰂지	航항	軿병	鞍具	箠췌
禪단	髮피	篙고	轎교	鞍안	策칙
縕온	髢뎨	扈호	輿여	轎교	
襺견	䯽계	舭파	輅로	韂뎜	**中10**
絲ᄉ	鬟환	舠도	輦련	珂가	軍裝
線션		橈쇼	轓번	韂첨	干간
縷루	**中7**	楫즙	轅원	鞢톄	櫓로
纑로	舟船	棹도	軛익	鞲츄	盾슌
纊광	舟쥬	槳쟝	軸듀	韂쟝	戚벌

戈과	弦현	筈괄	黛대	綾릉	**中13**
矛모	弰쇼	笱간	黑흑	段단	金寶
劍검	弭미	鉦정	玄현	縑겸	寶보
戟극	弝파	鑼라	皂조	絁시	貝패
槍창	彄구	旗긔	丹단	布포	錢전
槊삭	夬결	纛독	騰확	帛빅	鈔쵸
鋒봉	韘섭	橐탁	彤동	毷모	金금
鍔악	骲한	鞬건	赭쟈	褐갈	銀은
鉔합	韝구	韣독	䞓뎡	氊젼	珠쥬
鋏협	帿정	韔탕	赤적	毯담	玉옥
鉞월	的덕	鞍보	朱쥬	綈뎨	銅동
鏚척	珊붕	斁차	緋비	繒증	鐵텰
銃충	喉후	箶호	紅홍	絺티	鍮듀
砲포	翎령	簏록	絳강	綌격	鉐셕
鼓고	幞박		黃황	紈환	汞홍
鼖비	髇호	**中11**	紫ᄌ	綺긔	鈆연
甲갑	骲박	彩色	綠록	綃쵸	鑞랍
鎧개	鏃족	堊악	碧벽	絹견	錫셕
胄듀	鏑덕	素소		錦금	瓊경
鍪모	鈚피	粉분	**中12**	紬듀	瑤요
弓궁	鍭후	白빅	布帛	緅추	瓔영
弧호	箭전	騵뎐	紗사	縠곡	珞락
弩노	矢시	青청	羅라		珍딘

玭변	簫쇼	瘦수	疣우	趼견	**中16**
璣긔	管관	癯구	贅훼	痎히	喪葬
璧벽	籥약	瘠쳑	癭영	瘧학	崩붕
珊산	觱필	癬션	瘤류	痁졈	薨훙
瑚호	篥률	癥뎐	跎타	瘫확	殞졸
瑪마	箏징	疥개	瘸가	瘟온	死ᄉ
瑙노	笛뎍	癩뢰	瘖암	疫역	魂혼
琉류		疱포	瘂아	痰담	魄빅
璃리	**中15**	痘두	癲퇴	瘚궐	靈령
琥호	疾病	癆라	疝산	魘염	輀ᅀ
珀빅	疾질	癧력	瘻루	痣지	櫬친
	病병	蠱고	痔티	皸군	棺관
中14	疼동	脹턍	癇간	瘃탁	柩구
音樂	痛통	疔뎡	痊딜	腫종	槨곽
琵비	吐토	疸단	狂광	腪혼	殮렴
琶파	瀉샤	哮효	癲뎐	痂가	屍시
鐘종	嘔구	喘쳔	疶셜	瘥차	殯빈
磬경	噦역	咳히	痢리	瘢반	葬장
琴금	疲피	嗽수	聤뎡	痕혼	窀둔
瑟슬	憊븨	癮은	瞠데	疤파	夕셕
笳가	憔쵸	瘳딘	癱옹	疵ᄌ	碑비
拍빅	悴췌	癤졀	疽져		碣갈
笙싱	羸리	痱불	瘡창		墳분

塚통	昊호	晴청	殖식	樹슈	蘽류
墓묘	穹궁	霽졔	羽우	木목	秧앙
壙광	窿륭	霾미	毛모	根근	苗묘
	瞰돈	曀예	鱗린	荄히	榮영
下	旭욱	昕혼	介개	株듀	華화
雜語	暈운	晡포	飛비	幹간	枯고
混혼	明명	昃칙	潛줌	槎사	槁고
沌돈	照죠	旰한	動동	㭬얼	柴싀
開기	曜요	古고	植식	萌밍	薪신
闢벽	暉휘	今금	蜫곤	芽아	芻추
淸청	暎영	翌익	蟲튱	條됴	蕘요
濁탁	瞞만	昨작	禽금	柯가	稈간
位위	昧미	夙슉	鳥됴	枝지	楷기
奠뎐	暗암	晏안	魚어	葉엽	穎영
造조	暝명	曩낭	獸슈	花화	穗슈
化화	暄훤	昔셕	禾화	蘂예	梗경
斡알	暖난	人신	穀곡	英영	莿ᄌ
旋션	炎염	物믈	菓과	葩파	杈차
光광	燠욱	受슈	蓏라	叢총	梢쵸
景경	凉량	賦부	菜치	苞포	耕경
流류	冷링	品픔	蔬소	莖깅	穮우
轉뎐	凍동	彙휘	草초	蔕톄	種죵
旻민	泮반	滋즈	卉훼	藤등	蒔시

耘운	稑타	距거	菢포	嘲됴	韗위
籽ᄌ	收슈	尾미	卵란	㖿야	閑한
糶표	割할	嘴췌	雛추	吤셕	圈권
薅호	刈애	喙훼	啄탁	鳴명	苙립
栽지	穫확	嗉소	哺포	嘶ᄉᆡ	棧잔
椄접	擣도	吭항	瀫구	吠폐	豢환
扦천	舂숑	翰한	啼뎨	噪조	養양
挿삽	簸파	翮격	嘩초	雛구	飼ᄉ
培비	䏽벌	翅시	騍과	蠢준	餵위
壅옹	秠부	翼익	牯고	蠕션	騎긔
零령	秕피	翶고	牸ᄌ	狪퉁	乘승
落락	稴강	翔상	犍건	蕘쟈	駕가
膦린	敫흘	䶶힐	犅계	咆포	馭어
瓣판	荢부	䶲항	騗션	嗅호	驪산
瓤당	英협	雌ᄌ	驐돈	吼교	騋송
瓢양	柎부	雄웅	肥비	吼후	馳티
竿간	蕚악	牝빙	胮표	咂잡	驅구
箬약	楯골	牡모	瘇상	嚽혈	蒐수
筠균	柮돌	塒시	踠완	噬셔	狩슈
籜탁	核획	巢소	羖고	咬교	獮션
稼가	榍골	窠과	羝뎨	觚뎨	畋뎐
穡식	肫둔	棲서	羯갈	觸쵹	捕보
穄라	脟비	莝ᄌ	獖분	蹏뎨	釣됴

射싸	驪뎐	餫운	濾려	烹핑	熠띕
屠도	騰등	餉향	渣사	煮쟈	焙비
皮피	驤양	餂녑	滓지	飪십	烘훙
革혁	弨툐	酺포	坙은	熟숙	燔번
韋위	弛이	汲급	澱뎐	饙분	炙쟈
鞹곽	檠경	注주	涌용	餾류	煠잡
筋근	樏튜	澡조	沸비	攤탄	爚약
角각	縠구	洗셰	滾곤	澖간	爁람
鬣렵	彉곽	沐목	涫관	搥뢰	焦쵸
髮종	彎만	浴욕	添텸	研연	炮포
髻기	張댱	漱수	沃옥	盦지	燋오
鰾표	祭졔	盥관	溢일	盛셩	煎젼
蹄뎨	祀ぐ	淘도	瀽건	飣뎡	熬오
蹢뎍	歆흠	淅셕	穀지	餖두	炒쵸
蟠반	饗향	沙사	殺살	醃엄	煿박
蟄팁	福복	汰태	煺퇴	畚번	嘗샹
蛻예	祿녹	泔감	燖심	黴미	嗜기
蛩공	祐우	潘번	撕ぐ	浥읍	饞참
蚪듀	祚조	瀋심	擱념	饁에	渴갈
蝕식	宴연	瀟간	烝증	餲애	味미
蔽험	餞젼	筜칙	焦부	醭복	臭취
螫셕	犒고	壓압	炊췌	殕부	香향
驢찬	犓로	澄등	爨찬	爀고	馨형

葷훈	噉담	交교	刃신	鑄주	塌탑
釅엄	嘣삭	錯착	釷싱	鎬샤	毿츄
醇순	吮연	樂악	銹슈	錮고	砌체
醲농	舐뎨	曲곡	型형	璺문	築튝
腐부	舓텸	吹츄	模모	璺문	壘류
臊조	啜텰	唱챵	輩패	瑕하	傾경
羶전	歃삽	歌가	梫례	綻탄	仄측
鯹성	飮음	舞무	鱒존	幨분	撼함
辛신	嚼쟉	醉취	蹹답	釘덩	摺잠
辣랄	醞온	酗후	釰뉴	鉸교	撑팅
酸산	釀양	耍솨	釦구	蔑멸	毿덤
苦고	沸ᄌ	戲희	焇쇼	箍고	穀삽
甘감	盝록	鬨홍	烊양	橫횡	跂궤
甛텸	釃싀	鬧뇨	焯슈	斜샤	坑깅
鹹함	醹채	罵마	鋥덩	攲긔	坎감
淡담	斟짐	呵리	鎔용	歪괴	坳요
呑튼	酌쟉	戰젼	冶야	崋젼	陷함
含함	斛규	鬪투	鍊련	拄듀	磽교
噙금	挹읍	錈굴	鍛단	揹지	确각
嚥연	臽요	鉞술	鋼됴	捂오	堉척
齦근	抒셔	斿유	鏤루	頹퇴	潟셕
齕흘	獻헌	旒류	鍍도	圮븨	溜류
喫긱	酬슈	鋩망	鎏옥	坍단	菁구

基긔	處쳐	紺감	塑소	糶됴	驗렴
址지	器긔	緅츄	粧장	糴뎍	賃님
窆와	皿명	纁훈	扮반	租조	僦취
苫셤	衣의	細샹	搽차	稅셰	賄회
稕쥰	服복	裁지	抹말	貢공	賂뢰
篅격	財지	縫봉	褪돈	納납	贈증
孔공	貨화	繡슈	卸샤	徵딩	貽이
穴혈	豊풍	刺쳑	襤람	斂렴	賞샹
窟굴	稔님	穿쳔	褸루	課과	賜ㅅ
窿롱	飽포	着탹	圖도	式식	給급
罅하	飫어	摳구	寫쌰	售슈	賚뢰
釁흔	歉겸	攘건	描묘	衒현	贖쇽
阿아	儉검	裸라	罨압	賣매	債채
隙극	餒뇌	裎뎡	紋문	鬻육	陪비
塵딘	餓아	袒탄	綵치	沽고	償샹
埃애	繅소	褐텩	繪회	買미	乞걸
坌분	繹역	套토	飾식	購구	假가
塕옹	紡방	搭탑	誆광	貿무	借챠
垢구	絡락	鞁피	賺담	賒샤	貸디
圿갈	緝즙	鞔만	騙편	貰셰	籤쳠
塊괴	績적	裝장	拐괴	販판	籌듀
塓벽	紝심	鏵ㅅ	博박	贗안	占졈
居거	織직	嵌감	換환	貼텁	筮셔

摴뎌	檢검	擔담	孰숙	聖성	慧혜
蒲포	醮잠	摛향	伊이	賢현	剛강
賭도	扭뉴	拂불	某모	廉렴	悍한
賽싀	撈로	拭식	你니	哲텰	勇용
撒탄	漉록	搵온	恁님	豪호	智디
擲텩	攬람	揩기	汝셔	傑걸	强강
拈겸	樓루	負부	爾싀	俊쥰	猛밍
鬪구	捗보	戴딕	儕졔	乂예	暴포
輸슈	攄로	馱타	輩빅	仁신	武무
贏영	抖두	載짇	廝싀	慈ᄌ	尊존
勝승	撒수	擠졔	每미	信신	卑비
敗패	搓차	拶찰	寃원	義의	貴귀
搔소	挪나	排빅	讎슈	忠튱	賤천
爬파	捻녑	挨애	仇구	恕져	壽슈
抓과	捏녈	吾오	敵뎍	孝효	夭요
搯겹	撚년	我아	偸투	悌뎨	貧빈
捲와	搣멸	予여	竊졀	誠셩	富부
捧봉	摑번	俺암	攘샹	敬경	姿ᄌ
抔부	搢션	咱자	奪탈	貞뎡	態티
掏국	捼나	自ᄌ	搶창	烈렬	蹤죵
搜수	抄사	他타	掠략	恭공	迹젹
探탐	撞딕	彼피	俘부	讓샹	進진
括괄	扛강	誰슈	馘괵	謹근	退퇴

儀의	距거	瞰감	訕산	訴소	詐사
度도	跣선	眺됴	說셜	告고	狡교
拜비	踣북	瞬순	謊황	贓장	猾활
揖읍	蹺교	瞑명	誘유	證증	慳간
稽계	跬규	聾롱	訧틀	誣무	悋린
頓돈	蹶궐	聵훼	諂텸	叢획	靳근
拱공	跌딜	聰총	諛유	黥경	嗇싁
叉차	踊용	聯홍	佞녕	劓의	懦나
跪궤	躍약	聽텽	辯변	剕비	弱약
跽긔	跳됴	聏오	是시	刖월	迷미
行힝	趯텩	聞문	非비	罪죄	劣렬
步보	窺규	聆령	枉왕	辜고	饕도
坐좌	覘뎜	談담	直딕	罰벌	饞털
立립	顧고	話회	謗방	謫뎍	貪탐
俯부	看간	言언	讀독	打타	婪람
仰앙	見견	語어	毀훼	拷고	嬾란
臥와	視시	謇건	譽예	捶췌	惰타
起긔	瞻쳠	吃걸	譏긔	撻달	懈히
踐천	覩덕	訒신	誚쵸	趕한	怠티
踏답	覰도	訥눌	譴견	逐튝	愚우
跐채	覯구	諫간	讟칙	黜튤	騃애
跑포	覽람	諍징	讒참	斥쳑	癡티
蹲준	觀관	訐알	譖춤	奸간	憨함

好호	勘예	誦숑	矜궁	四ᄾ	避하
歹대	刑형	盟밍	憐련	五오	遠원
善션	政졍	誓셰	皺쥰	六륙	近근
惡악	事ᄿ	襺염	皺추	七칠	邇ᄾ
能능	務무	襄양	蚩치	八팔	上샹
否부	嚴엄	祈긔	醜취	九구	下하
淑슉	威위	禱도	丰봉	十십	內닉
愿특	恩은	讚찬	艶염	百빅	外외
德덕	惠혜	頌숑	嬌교	千쳔	中듕
行힝	統통	謳구	妍연	萬만	間간
學흑	御어	謠요	伉항	億억	衷튱
業업	攝셥	吟음	儷례	分분	裏리
才ᄌ	理리	嘯쇼	雙쌍	兩량	烟연
術슐	撫무	問문	對디	寸촌	火화
技기	恤휼	訊신	孑혈	斤근	焚분
藝예	賑진	詞ᄾ	隻척	担단	燒쇼
職직	濟졔	訟숑	孤고	托탁	燄염
任심	講강	嬖폐	獨독	怩지	炸자
資ᄌ	誨회	寵통	一일	坼틱	糖당
級급	敎교	姬희	壹일	左좌	煨외
功공	訓훈	姜강	二ᄼ	右우	燬훼
勳젹	習습	偎외	貳ᄼ	前젼	蒸셜
勳훈	諷풍	愛ᄋ	三삼	後후	燎료

爇션	怡틴	漫만	溺닉	濊예	極극
燼신	洚강	漲턍	渾호	泯민	
炷주	水슈	濫람	淪륜	滅멸	
灰회	瀰미	淹엄	汪왕	終죵	

상기 『훈몽자회』의 한자음을 대략적으로 살펴보면 중고 한어의 어음체계의 큰 틀을 벗어나지 않았음을 알 수 있다. 한어 어음체계와 잘 어울리지 않는 한국어 어음체계의 국한성을 배제하고 보면 중고 한어 『광운』의 어음체계와 대충 맞물린다.

3) 『훈몽자회』의 성모

상고 한어의 설음은 설두음舌頭音 端조: 端t, 透t', 餘d, 定d'와 설면음舌面音 章조: 章t, 昌t', 船d, 두 가지이다. 중고 한어에 와서 설면음은 치음 '章tɕ, 昌tɕ', 船dz'(3)으로 변화하였고 설두음 端 透t' 定d'(1)에서 새로이 설면음 知t, 徹t', 澄d'(2)이 분할되어 나왔다. 『훈명자회』의 한자음은 이런 변화를 여실히 반영하고 있다. 『훈몽자회』에서 설면음 知t, 徹t', 澄d,을 ㄷ, ㅌ으로 표현하였다. 만약 상고 한어의 성모가 보존되었다면 章t, 昌t', 船dz도 ㄷ, ㅌ으로 표현하였을 텐데 ㅈ, ㅊ으로 표현하였다. 이는 상고 한어의 설면음이 중고 한어의 치음으로 변함에 따라 한자음도 변화하였다는 말이 된다.

상고 한어　　　　중고 한어

端t 透t' 定d ─┬─ 端t 透t' 定d…1
　　　　　　　└─ 知ţ 徹ţ' 澄ḍ…2

章ţ 昌ţ' 船dz ── 章tɕ 昌tɕ' 船dʑ…3

단 『훈몽자회』에서 설면음 知ţ, 徹ţ' 澄ḍ'를 설두음과 같이 'ㄷ, ㅌ'로 발음한다. 이는 한국어에 설면음이 없기 때문에 생긴 현상이다. 그리고 『훈몽자회』에서 3가지 치음 章ţ 昌ţ' 船dz 書ɕ 禪ʑ 日ɳ (章조), 精ts 淸ts' 從dz 心s 邪z(精조)와 '莊tʃ 初tʃ' 崇dʒ 山ʃ(莊조)'을 합쳐 'ㅈ ㅊ ㅅ ㅿ'로 발음하는 것은 한국어 특징상 치음에 'ㅈ ㅊ ㅅ ㅿ'밖에 없기 때문이다.

4) 『훈몽자회』의 입성운

『훈몽자회』에서 -p, -t, -k 입성자가 중고 한어의 -p, -t, -k의 입성자와 가감 없이 완전히 대응된다. 상고 한어 대량의 -k 입성자와 일부 -t 입성자가 중고 한어의 비입성음으로 변하였는데 『훈몽자회』의 음도 같이 거의 예외 없이 비입성운으로 변하였다. (예를 들어 편폭상 제한으로 그중 일부만 열거한다.)

ak→u度도路로　　　uak→u護호　　　ək→ɒi代대岱대

eak→a侘차詐사　　　ok→əu寇구奏주　　　ĩak→ĩə意의試시

iak→ia夜야射싸　　　ĩwok→ĩuɪ赴부數수　　　wək→wɒi背비

ĭwək→ĭeu富ᵇᵘ副ᵇᵘ iauk→ieu弔ᵈʸᵒ耀ᵈʸᵒ ĭet→iei 計ᵍʸᵉ閉ᵖʸᵉ

ək→ai 隘ᵃᵉ派ᵖᵃᵉ at→ɑi 蓋ᵍᵃᵉ帶ᵈᵃᵉ ĭwet→wi季ᵍʸᵉ穗ˢʸᵘ

ĭek→ĭe 易ⁱ臂ᵇⁱ eat→æi薑ᵗᵃᵉ ĭwet→ĭwei 惠ʰʸᵉ

iek→iei帝ᵈʸᵉ係ᵍʸᵉ ĭat→ĭɛi藝ʸᵉ制ʲᵉ et→ɒi槪ᵍᵃᵉ愛ⁱ

uək→wai畵ʰʷᵃ uat→uɑi外ᵂᵃ會ʰʷᵉ ĭət→ĭəi氣ᵏⁱ毅ᵘⁱ

əuk→ɑu告ᵍᵒ奧ᵒ oat→wæi快ᵏʷᵃ敗ᵖᵃᵉ uət→uɒi對ᵈᵃᵉ悖ᵖᵃᵉ

auk→ɑu暴ᵖᵒ ĭwat→ĭwɐi廢ᵖʸᵉ肺ᵖʸᵉ uət→i 寐ᵐⁱ

eauk→au較ᵍʸᵒ貌ᵐᵒ et→ɐia屆ᵍʸᵉ ĭwət→ĭwei貴ᵏʷⁱ胃ᵘⁱ

ĭauk→ĭɐi 耀ᵈʸᵒ ĭet→i棄ᵏⁱ至ʲⁱ ĭwət→wi位ᵘⁱ醉ᵗʲᵘ[3]

5) 『훈몽자회』의 양성운

상고 한어의 일부 양성운 -m자가 중고 한어의 양성음 - ŋ자로 변하였는데『훈몽자회』의 한자음도 예외 없이 이와 같이 변하였다.

예: uəm → uəŋ → uoŋ 冬彤農統宗宋: -ㅁ/-ㅇ

oəm → oəŋ-oŋ 降絳洚: -ㅁ/-ㅇ

ĭwəm → ĭwəŋ-ĭuŋ 宮躬窮中忠衷忡融沖蟲濃隆仲終充戎衆嵩風鳳

豊芃:-ㅁ/-ㅇ

---

3) 왕력, 『한어사고』(3쇄), 중화서국, 1996년 10월, 85~91쪽 참조.

이상은『훈몽자회』에 대한 대략적인 평가이다. 만약『훈몽자회』를 세밀히, 심도 깊게 분석하면 중고 한어의 음만이 아니다. 상고 한어음과 근대 한어음도 다소 내포되고 있음을 알 수 있다. 그러므로 한자음은 상고, 중고, 근대 한어의 음이 섞인, 마하자면 삼세가 동거하는 어음체계임을 알 수 있다.

2.『훈몽자회』에 스며 있는 상고 한어음

위에서 말하다시피『훈몽자회』는 그의 주축이 중고 한어의 어음 체계이지만 중고 한어음만 있는 것이 아니다. 약간의 상고 한어의 음도 있다.

한국은 서기 1443년『훈민정음』이 창제되고서야 자기의 문자가 생겼다. 그전에는 2천여 년 간 구이상전口耳相傳의 방법으로 한자의 음을 대대손손 물려받았다. '구이상전'이라 함은 선대가 입으로 한 발음을 후대가 귀로 듣고 외우는 식을 말한다. 수백 년이 지나 한어의 어음이 변하면 한국인들은 끊임없이 변화된 음으로 저희들이 쓰고 있는 한자음을 약간씩 보완하곤 하였다. 변하가 큰 부분은 완전히 보완해 버리고 변화가 크지 않은 것들은 변화시키지 않고 그대로 썼을 것이다. 그러므로 한자음은 한 개 시대의 한 가지 음에만 고착된 것이 아니라 여러 시대의 음이 절충하여 병존할 것이라고 필자는 추측하고 있다. 그러므로 한자어 음과 상고, 중고, 근대 한어의 음을 대비해볼 필요가 있다.

아래에 이런 대비를 하기 위하여 먼저 한자어와 상고 한어, 중고 한어의 음을 대비한다. 한자어는 한어에 비하여 어음체계가 많이 간단하다. 많은 한어의 음이 한자어에서는 같은 음으로 합류되어 있다. 『광운』을 간략한 운서가 106가지 운을 수록한 『평수운平水韻』이며 『평수운』의 많은 서로 다른 음도 한자어에서 같은 음으로 나타나고 있다. 그러므로 한자음과 『평수운』의 음을 대비하여도 충분하다. 이 책에서는 『훈몽자회』의 한자음과 『평수운』의 한어음을 대비한다. 대비하는 와중에 상고 한어의 한자음이 없는가를 면밀히 검토하여 보았다.

상고 한어는 북경대학 교수 곽석량郭錫良의 『한어고음수책漢語古音手冊』의 상고음을 기준으로 한다. 『수책』은 동한東漢 이후의 한자를 수록하지 않았으므로 본 『평수운』도 동한 이후의 한자를 뺐었다. 중고 한자의 음은 운(글자의 중성과 종성)만 기입한다.

『평수운』 중의 한자를 한자어 초성初聲 자모 'ㅇㄱㅋㅎ, ㅈㅊㅅㅿ, ㄷㅌㄴㄹ, ㅂㅍㅁ'의 순으로 배열하고 모음은 한국 사전편찬의 순서를 따른다. 한자어에서 음이 같은 글자는 상고 한어 성모 影ʔ 疑ŋ 喻ʎ 見k 溪k' 羣g 曉x 匣ɣ 章ȶ 昌ȶ' 船dz 書ɕ 禪z 日ȵ, 莊ʧ 初ʧ' 崇dʒ 山ʃ, 精ts 淸ts' 從dz 心s 邪z, 端t 透t' 定d 泥n 來l, 幇p 滂p' 並b 明m의 순서에 따라 배열한다.

한자어 음은 『훈몽자회』의 음을 따랐지만 『훈몽자회』의 한자와 『평수운』의 한자에 중첩되지 않는 글자가 있으므로 부득불 『훈몽자회』의 음과 일부 현행 한자음이 혼합됨을 면치 못했다.

1) 『평수운』자의 한자음 일람표

一. 東董送 –uŋ –ĭuŋ[4]

東oŋ옹[翁嗡蓊甕][5] 蒸ɣĭwəŋ응·雄熊 冬ʎĭwəŋ융·融 冬ɳĭwəŋ융·戎絨 東koŋ공[工貢功攻公] 侵kəm공·贛 東k'oŋ공·[空缺[空缺]控孔 冬kĭwəŋ궁·躬宮 蒸kĭwəŋ궁·弓 蒸k'ĭwəŋ궁·穹 冬gĭwəŋ궁·窮 東ɣoŋ홍[洪哄烘䂲紅虹鴻永] 東tsoŋ종[椶糉] 冬tĭwəŋ종·終 東tsoŋ총[總] 東ts'oŋ총·囪 冬匆蔥聰驄 東dzoŋ충·叢 冬ʎĭwəŋ중·衆 冬dĭwəŋ중·仲 冬t'ĭwəŋ충·充 冬dʒĭwəŋ충·崇 東soŋ송·松 東siɔŋ송[送] 東siɔŋ숑·凇 東sĭɔŋ숑·松菘 東toŋ동[東凍棟董] 東doŋ동·[同童僮銅桐瞳洞筒動慟] 冬tĭwəŋ듕·中 東t'oŋ통·[通桶痛] 冬tĭwəŋ튱·衷忠忡盅 冬dĭwəŋ튱·蟲沖 東loŋ롱·[弄朧櫳曨聾瓏礱瀧籠[又見東韻]攏] 冬lĭwəŋ륭·隆 東boŋ봉·[蓬] 冬bĭwəŋ봉·[鳳] 冬pĭwəŋ풍·風諷楓 冬p'ĭwəŋ풍·豐 蒸bĭwəŋ풍·馮 蒸məŋ몽·曹 東moŋ몽·[蒙濛朦矇] 蒸mĭwəŋ몽·[夢]

二. 冬腫宋 –uoŋ –ĭuoŋ

東ĭwoŋ옹·雍邕癰擁 東ɳĭwoŋ옹·喁 東ĭĭwĭʎ용·用容蓉庸傭甬勇踊涌俑蛹 東nĭwoŋ용·茸冗 東koŋ공·蚣 東kĭwoŋ공·供拱鞏 東k'ĭwoŋ공·恐 東gĭwoŋ공·共蛩邛 東xĭwoŋ흉·胸凶匈洶 冬tsuəŋ종·宗綜 冬dzuəŋ종·淙 東dzĭwoŋ종·從(從容)從 東tĭwoŋ종·鍾鐘腫種[種類]種[種植]踵 東tsĭwoŋ종·縱蹤 東dĭwoŋ즁·重[重復] 東tĭwoŋ튱·塚 東

---

4) '一.'은 『평수운』 운목韻目의 순서이고 '東董送'은 운목의 이름이다. '東'은 평성平聲, '董'은 상성上聲, '送'은 거성去聲이다. 이 세 음은 성조만 다르고 음가音價는 같다. '–uŋ –ĭuŋ'은 본 운목의 중고 한어의 발음이다. 중고 한어의 발음은 운만 표시하였다.

5) '東'은 『평수운』의 운목이고 'oŋ'은 본 운목의 상고 한어 발음이며 '옹'은 본 운목의 한자음(『훈몽자회』의 음)이며 '翁嗡蓊甕'은 본 東운에 수록된 글자들이다. 이하 무릇 작은 글자로 표시한 알파벳은 모두 해당 글자의 상고 한어음이다.

t'ĭwoŋ튱寵 東sĭwoŋ숑竦悚聳 冬suəm송宋 東ɕĭwoŋ숑舂 東zĭwoŋ쓩頌誦訟松 冬tuəm동冬 冬duəm동彤 冬t'uəm통統 冬nuem농農儂膿 冬nĭwem뇽濃 東lĭwoŋ룡壟 東lĭwoŋ룡龍蘢 東pĭwoŋ봉封葑 東p'ĭwoŋ봉峰锋蜂烽 東bĭwoŋ봉逢縫縫[隙也]奉俸 冬p'ĭwəm풍豐

三. 江講絳 -ɔŋ

東keoŋ강江講 冬koəm강絳降[升降] 東k'eoŋ강腔 東keoŋ항港 冬ɣoəm항降[降伏]巷 東ɣeoŋ항項 東teoŋ장椿 東ʧ'eoŋ창窗 東ʃeoŋ상瀧 東ʃeoŋ솽雙 東deoŋ당幢撞 東peoŋ방邦 東beoŋ방蚌棒龐

四. 支紙寘 -ĭe -ĭwe -i -wi -ĭə

支ĭe아几 支ŋe애涯[又見佳麻韻] 支ĭwe에恚 微ĭwəi위委萎痿逶 物iwət위位 歌ŋĭwa위危為[因為]偽 微ʎiwəi유維惟唯唯遺遺[饋遺] 微ɣiwəi유帷 微ɳiwəi유蕤 之ĭə의醫 歌ĭa의漪椅漪猗倚旖 職ĭək의意薏 質ĭet의懿 之ŋĭə의疑嶷擬 歌ŋĭa의宜儀蟻艤義議誼 之ɣĭə의矣 脂ĭei이伊 歌ʎĭa이移迤 脂ʎĭei이夷姨痍彝 之ʎĭə이頤怡飴貽已以苡 質ʎĭet이肄 職ʎĭək이異 錫ʎĭek이易[容易] 歌ɕĭa이弛 脂kĭwei계癸 質kĭwet계季悸 物kiwət괴蕢 微kiwəi괴愧 微kĭəi궤幾 脂kĭei궤麂 歌kĭwa궤詭 幽kĭəu궤軌 歌gĭwa궤跪 物giwət궤櫃簣匱饋 之kĭwə귀龜 幽kĭəu귀晷 支kĭwe규規 微k'ĭwəi규巋 支k'ĭwe규窺 幽gĭəu규馗逵 脂gĭwei규葵 微kĭəi긔機冀驥 之kĭə긔基箕紀記 脂kĭei긔肌饑 之k'ĭə긔欺萁其琪麒騏祺淇綦起杞 歌k'ĭa긔崎綺 質k'ĭet긔器 歌gĭa긔奇琦騎[動詞]羈畸騎[名詞] 脂kĭei기耆祁鰭 微kiəi기覬 歌kĭa기寄 質k'ĭet기棄 之gĭə기棋旗期忌 支gĭe기歧岐芪跂企 脂gĭwei기夔 物giət기暨 支ʈĭe기枳 脂ziei기嗜 微xĭwei훼毁 歌xĭwa휘麾 歌k'ĭwa휴虧 職ĭək희噫 之xĭə희嬉姬熹禧熙僖嘻喜 歌xĭa희犧

義曦戲 之ʧʰĭəɡ 재淬 之tsʰĭə 재梓 之tsĭə ᄌ 兹滋孜子仔 脂tsĭei ᄌ 諮姿資恣粢妳 支tsĭe

ᄌ 髭觜(星宿名)疵貲砦紫泚雌 之dzĭə ᄌ 字慈瓷茨 錫tsĭek 적積[積蓄] 支tʃĭe 지

支枝肢知紙只恖 之tĭəɡ 지 之芝止芷趾址志 脂ʧĭei 지 脂祇 質tĭet 지至 緝ĭəp 지摯

鷙 職ʧĭək 지識[記也] 錫dzĭek 지漬 歌ʧĭa ᄎ 差[參差] 脂tsʰĭei ᄎ 次 支tsʰĭe ᄎ 此 歌tĭwa

ᄎ 捶 微ʧĭwei ᄎ 錐 微tĭwei ᄎ 追 微ʧʰĭuəi ᄎ 推[又見灰韻] 物diwət ᄎ 墜 歌tĭwa 췌惴 歌

tʃʰĭwei 췌揣 物dzĭwət 췌萃悴 歌ʧʰĭwa 취吹炊 tsiwət 취醉 物tsʰĭwət 취翠 職ʧĭək 즉廁 支tʃĭe

치厄 錫tʃĭek 치實 職ʧĭək 치幟 脂ʧʰĭei 치鴟 之tʃʰĭə 치蚩 職ʧĭək 치熾, 之ʧʰĭə 치輜緇 歌dĭa

치馳 之dʒĭə 치治峙 職dĭək 치値 質tĭet 치致 職ʧĭək 치置 之ʧĭəʒ ᄉ 事俟 脂ʃĭei ᄉ 師獅

之ʃĭə ᄉ 史駛使[使令] 士仕使[使者] 支ʃĭe ᄉ 屎 支ʃĭe ᄉ 徙斯 脂sĭei ᄉ 私死 之sĭə ᄉ

絲司思伺笥恖 之zĭə ᄉ 辭詞祠寺飼嗣巳[辰巳]祀似耜 支tĭe 디智篪踟 脂ʃĭei 디

眂 質tiwet 디躓 之dĭə 디持 歌dĭa 디池地 脂dĭei 지 脂dĭei 디遲墀坻 微diwei 퇴椎 dĭwa 튜錘

之tʃĭə 팅癡笞 之tʃʰĭə 티豸 脂dĭei 티稚雉 脂ʃĭei ᄉ 璽 歌zĭwa 서瑞 微ʃĭwei 쇠衰 歌zĭwa ᄉ

隨隋 微siwei ᄉ 綏雖睢 物siwət ᄉ 粹祟 微ɕiwei ᄉ 水 歌zĭwa ᄉ 垂陲睡髓 微ziwei ᄉ ᄉ

誰 物ʃiwət ᄉ 帥 物ziwət ᄉ 遂燧隧 質ziwet ᄉ 穗 脂dĭei 시示 歌ɕĭə 시施 之ɕĭei 시詩始

脂ɕĭei 시尸著矢 脂zĭei 시視 支ɕĭe 시翅豕 職ɕĭek 시試 錫ɕĭek 시啻 之zĭə 시時塒蒔恃

侍市 支zĭe 시是匙氏跂 支sĭe 시漸屣 脂zĭei 시兕 歌nĭwa 쉐蕊 脂nĭei 시 週二貳 之nĭə

시而耳餌 脂nĭei 니尼怩膩 支lie 롕麗(羅也)酈 支lie 례麗[地名]鸝 脂liwei 뢰誄 脂

iĭei 류累[堆積, 連累] 質liwet 류淚 物liwət 류類 支lie 리罾 歌lĭa 리離漓縭籬罹贏 之

lĭəri 狸嫠褵理鯉吏李 脂lĭei 리履 質lĭet 리利莅 微piəi 비悲 支pĭe 비卑碑 之pĭə 비鄙

脂pĭei 비匕比秕庀 歌pĭa 비羆 錫pĭek 비臂 質pĭet 비譬秘毖 之pʰĭə 비丕 錫pʰĭek 비譬 支

bĭe 비婢 之bĭə 비否[否泰]痞 脂bĭei 비琵毗枇蚍貔 質bĭet 비鼻 職bĭək 비備 歌pua 파

跛 歌pĭa 피陂彼 歌pʰĭa 피披 歌bĭa 피皮疲被 錫bĭek 피避 微ĭəi 매霉 物tĭət 민寐魅 歌

mĭa 미蘼靡糜 支mĭe 미弭 脂mĭei 미麋彌峏眉湄楣媚美 支tĭe 지 支枝肢知紙只恖

之tɪə지之芝止芷趾址志 脂ʈʰĭɐi지脂祇 質ʈĭet지至 緇ʈĭəp지摯鷙 職ʈĭək지識[記也] 錫dzĭek지漬, 支ʈʰɪə치厄 錫ʈʰĭek지實 職ʈĭək지幟 脂ʈʰĭɐi치鴟 之ʈʰɪə치蚩 職ʈĭək지熾, 之ʈʰɪə치輜緇 歌dĭɐ치馳 之dĭə치治峙 職dĭək지值 質ʈĭet지致 職ʈĭək지置 脂dɪɐi지

시示 之ɕĭə시詩市始 脂ɕĭɐi시尸著視矢 支ɕĭe시翅豕 職ɕĭək시試 錫ɕĭek시啻 之zĭə시時塒蒔恃侍 支zĭe시是匙氏㪯 支sĭe시漸厮 脂zĭɐi시咒

五. 微尾未 -ĭəi -ĭwəi

微ĭwəi외畏 微ĭwəi외巍 物ʈwət울蔚 物ʈwət위尉慰胃謂渭 微ĭwəi위威葳 微ŋĭwəi위魏 微ɣĭwəi위韋圍幃違闈偉葦韙煒緯 微ĭəi의衣[名詞]衣[動詞]依 物ŋĭet의毅 物kət개溉[又見于隊韻] 微kĭwəi귀歸鬼 物kĭwət귀貴 文nĭəi귀祈圻颀 微kĭəi긔幾譏機幾[微也]饑[又見支韻]磯 微kĭwəi긔기蟣 物kˈĭət긔氣 微ŋĭəi긔沂 物kˈĭət긔旣 微kˈĭwəi기豈 微xĭwəi훼虺虺 物xĭwət훼卉 微xĭwəi휘暉輝徽揮諱 微ɣĭuəi휘匯 微xĭəi희希稀欷晞 微pĭwəi비非扉緋誹匪篚蜚 微pĭwəi비飛 物pĭwət비沸費 微pˈĭwəi비霏菲[芳菲]菲[菲薄]妃 微bĭwəi비肥翡 微mĭwəi미微薇尾娓 物mĭwət미未味

六. 魚語御 ĭo

魚[於]ĭo어於淤 魚ŋĭo어魚漁語[語言]圄圉語[告也]馭禦 魚ĭo여與與[給予]與[參與]歟予[我也]予[賜予]畬餘舒 魚kĭo여預豫譽 魚kĭo거居車[又見麻韻]舉據踞倨鋸 魚kˈĭo거祛去 魚gĭo거巨拒炬距苣詎鉅醵遽渠葉 魚kˈĭo거墟 魚xĭo허虛嘘許 魚xɐ호泸 魚ʈĭo쟈煮 魚ʈĭo저菹菹 魚ts'ĭo저殂[又見御韻]疽 魚dzĭo저咀 魚ʈĭo저豬著[顯著]貯 魚ʈĭo저楮 魚ʈĭo제諸藷 魚dĭo제除 魚ʈĭo저渚杵 魚ts'ĭo저沮沮(止也) 魚ʈĭo조阻組 魚dzĭo조助鋤 魚dzɐ조徂 魚ts'ĭo저覰 魚ʈĭo쳐處[動詞]處[名詞] 魚ʈʃĭo쵸初楚礎 魚ɕĭo서書舒 魚sĭo서胥 魚zĭo서徐叙緒 魚dĭo서紓 ɕĭo서抒暑

鼠黍 魚zĭɒ 셔序 魚ʃĭo 亽疏蔬梳 鐸ɕĭɒk 亽庶 魚nĭɒ 녀女 魚dĭɒ 뎌儲躇[藥韻同]箸杼
貯佇苧 魚lĭɒ 려呂侶閭驢旅慮廬

七. 虞麌遇 -ĭu -u

魚ɒ 오烏污[污穢]嗚 鐸ɒk 오惡[憎懆] 魚ŋɒ 오吳吾梧五午伍仵迕誤悟癋晤
魚wĭo 우迂紆 魚ŋĭwo 우虞娛麌 侯ŋĭwo 우禺愚隅嵎遇寓 魚ɣĭwo 우雨宇禹羽于竽
盂 侯ʎĭwo 유俞瑜榆愉諭喻渝畬臾萸諛腴庾 屋ʎĭwok 유裕 魚ko 고孤辜姑觚菰呱
沽酤鴣蛄剮枯鼓古股賈[商賈]苦罟酤蠱詁瞽羖固雇酤故顧錮綺庫 魚ĭwɒ
구嫗 魚kĭɒ 구矩 侯kĭwo 구駒拘句屨 侯kʰĭwo 구區軀驅嶇劬 魚gĭwɒ 구瞿衢懼寠癯
侯gĭwo 구具俱 魚xĭwɒ 허栩 魚xo 호呼虎琥滹 魚ɣo 호胡湖瑚乎壺狐弧戶扈怙祜
互冱瓠糊瓡蝴 鐸ɣak 호護 魚ĭwa 亭煦詡 魚tsɒ 조租祖組 魚tsʰa 조粗 鐸tsʰuak 조措
魚dza 조殂 鐸dzuak 조柞 侯tĭwo 주珠誅侏銖駐 魚dĭwo 주厨蹰住 侯ĭwo 주主注柱
麈 幽ĭĭwo 주鑄 鐸tsʰak 조醋 侯dʒĭwo 주雛 侯tsʰĭwo 주趨 侯ĭwo 주樞 侯dzĭwo 취聚 侯
tsʰĭwo 취取[又見有韻]娶趣 魚sa 亽苏酥素溯 鐸sak 亽訴 侯zĭwo 亽銖茱殊豎 侯
ʃĭwo 亽數[動詞]數[數量]戍 侯sĭwo 亽须需 侯ɕĭwo 亽輸 侯zĭwo 亽樹 侯ŋĭwo 유儒
襦濡孺乳 魚ta 도都睹堵賭 魚tʰa 도兎 鐸dak 도度[制度]渡 魚da 도酴徒途涂茶圖
屠 鐸tak 두蠹 魚da 두杜 侯tĭwo 듀朱株蛛拄 侯dĭwo 듀柱 魚tʰa 도土吐[麌韻同] 魚ta
두妒 魚na 노奴帑孥駑怒[遇韻同]孥努弩怒[麌韻同] 魚lo 로盧鱸爐蘆顱墟艣
鸕瀘魯櫓鹵虜 鐸lak 로路輅露鷺璐 鐸lak 료照 侯o 루簍僂 侯lĭwo 루縷褸 魚pĭwa
보甫 魚pua 보譜補 魚pʰua 보晋 魚bĭwa 보輔 鐸buak 보步 屋bok 복僕[偃僕] 魚pĭwa
부夫膚趺賦傅 侯pĭwo 부斧付府腑俯 之pĭwə 부否[是否]婦負[又見宥韻] 職
pĭwək 부富副 侯pʰĭwo 부拊 幽pʰĭwu 부孚俘郛缶 魚pʰĭwa 부敷赼 屋pʰĭwok 부赴訃 魚
bĭwa 부蚨扶芙鳧父釜賻 幽bĭwəu 부桴阜[又見宥韻] 之bə 부部 魚bua 부簿 侯bĭwo 부

符腐附駙 魚pua平 逋逼圃 魚p'ua平 布怖鋪浦 魚bua平 蒲匍葡脯捕捕哺 魚mua平 모模

謨摹 鐸muak모 慕暮募 幽모牡 之mə모 母某 侯mĩwo모 侮 之mua모 姥 侯mĩwo

목鶩 鐸muak모 墓 魚p'ĩwa무撫 魚mĩwa무 毋無蕪巫誣武鵡舞嫵廡 之ə무歆 侯

mĩwo무 務霧鶩

八. 齊薺霽 -ĭei -ĭwei

脂iei예翳 葉iap예瘞 錫ŋĭe예瘱 支ŋĭe예猊蜺[又見屑錫韻]鯢倪霓睨 脂ŋiei예詣

藝囈 質ŋĭet예羿 月ĭwat예銳睿 月ĭaĭy예拽裔 月ɣĭwat위衛 月k'ĭat게憩 支ɣĭe게雞

支脂kiei게稽 支kiwe게桂 質kiet계計繼髻 錫ɣĭek계系 月kĭat계薊 支k'ĭe계溪 脂k'iei계

啟綮 月k'ĭat계契[契約]鍥 月kĭwat결猰 支kiwe규闔 支k'iwe규奎 脂k'iwei규暌 支ɣie

해奚 支xie혜醯 脂ɣie혜稀 支ɣie혜蹊兮 質ɣiwet혜惠蕙蟪 月ɣĭwat혜慧 月zĭwat혜

彗 支ɣiwe巂攜畦 脂siei재齊 脂tiei저低舐底抵柢 月tĭat제制 月tsĭat제祭際 支tĭe제

堤 脂dĭei데荑 支dĭe제題提醒 錫dĭek제締 月dĭat제滯 脂siei제躋齎擠濟[水名]濟[渡

也]擠 脂dziei제齊臍薺劑霽 月tĭwat철綴 月t'ĭat제掣 支die제遰 月dat제逮 月tĭwat掣

贄 脂ts'iei쳐妻[夫妻]妻[以女妻人]萋凄 月ts'ĭwat취脆毳 月zĭat셔逝誓 脂siei셔西

棲犀 魚sĭa셔婿 月zĭat세笽噬 脂siei세細 月eĭwat셰稅說[遊說]歲 月eĭy세世勢 文

siən세洗 月nĭwat세蛻 脂tiei데柢邸 錫tĭek데帝諦 脂diei데弟娣悌第睇 支dĭe데蹄

啼 脂t'iei데梯 脂t'iei톄體剃涕[薺韻同] 脂niei니泥泥[拘泥] 支lĭe려蠡 支lie려麗儷

月lĭat려屬礪勵糲 質liet려戾唳 脂liei례犁黎荔荔禮澧體 質liet례隸 月lĭat례例 脂

liei리梨 錫pek벽薜 支p'ie비睥 脂p'iei비媲批[又見屑韻] 支bie비髀 脂bĭei비篦 月pĭat

폐蔽 錫pĭek폐璧 質piet폐閉 脂biei폐陛 月bĭat폐敝幣弊斃 月mĭat몌袂 脂miei미迷

米眯

九. 泰 -ɑi -uɑi

月ɑt애藹靄 月ɲɑt애艾 月ŋuɑt외外 月kɑt개蓋丐 月kuɑt쾌儈 月ɣɑt해害 月uɑt회薈 月kuɑt회膾檜 月ɣɑt회會繪 月tsʼɑt채蔡 月tsuɑt최最 月dɑt대大[個韻同] 月tɑt디帶 月tʼɑt태泰太汰 月tʼuɑt태蛻 月duɑt태兌 月nɑt내奈柰 月lɑt리癩 月lɑt뢰瀨賴籟 月luɑt뢰酹 月pɑt패貝狽 月pʼɑt패沛霈 月bɑt패旆

十. 佳蟹掛 -ai -wai -ei -wei

之eə애挨 錫ek애隘 支ŋe애崖涯[又見支麻韻]睚 物oɑt외聵 物iwət위喟 支ke가佳街 脂kei개皆階 月keat개介芥疥 脂kʼei개揩 職keək계戒誡械 月keat계界 質ket계屆 物giwət궤簣匱 支kue쾌卦掛 微koəi괴乖 之keə괴怪 微kʼuəi괴塊 微ɣoəi괴聭 微ɣoəi괴壞 微ɣoəi괴槐[又見灰韻] 月kʼoat쾌快 脂kei해偕 錫kek해解 脂kʼei해楷 脂ɣei해諧 錫ɣek해蟹 月ɣat해薤 錫kek히懈 錫ɣek히邂 之ɣeə히骸骇 支ɣe혜鞋 錫wek화畫[圖畫] 微ɣoəi회懷淮 脂ʒei재齋 脂dʒei제儕 歌ʣʼea차差[差使] 釵 錫ek채債 支ʃe쇄曬 支ʃʼe쇄灑 支dʒe쇠柴 之dʒeə쇠豺 微beəi배俳 月peat비拜 月pʼeat비湃 微beəi비排 職eək비憊 錫ek비派 支be패牌 月boat패敗 支be패稗 之eəm매埋 支me매賣買 月moat매邁 之eəm민霾

十一. 灰賄隊 -ɒi -uɒi -ĩəi -ĩwəi

之ə애埃唉礙挨 微ei애哀 微ŋei애皚 物iˀ이愛曖 月ŋiwat예穢 月ŋiɑt예刈 微uəi외隈偎煨猥 微ŋuəi외嵬 歌ŋuɑ외桅 之kə개改 物kət개概溉[又見未韻] 微kʼie개開鎧愷凱闓 物kʼət개慨 微kuəi괴瑰傀 微kʼuəi괴魁塊 微ɣoəi괴槐[又見佳韻] 物ɣuət궤潰 之kə해該垓咳 之ex히海醢咳 之ɣə히孩亥 之kʼuə회恢詼 之xuə회灰悔誨晦賄 微ɣuəi회回徊 月xiwat豴喙 微ɣuəi휘匯 物kʼət히懷 之tsə지栽哉災宰載[歲也]在載

[載運]再 之dzə짓才材財裁 微dzuəi죄罪 之ts'ə칙采彩菜 月dat체逮 微ts'uəi쇠崔催
推璀 微tiuəi추適 職sək싀賽 職ɕək싀塞[邊塞] 物ɕuət쇄碎 物ɕuət쉬淬 耕ts'ɐŋ싀猜 之sə
싀腮 之tə대待 微ɕuəi대碓 之ts'ə틴戴 職t'ək틱貸 蒸dəŋ틴黛 職dək틴代岱袋玳 文uən
돈敦[盤敦] 之ts'ə틴台胎態 之tə틴苔駘殆怠迨 微tuəi틴堆頹 微t'uəi틴推[又見支
韻] 物t'uət퇴退 之nə내乃耐鼐 物nuət내内 微nuəi뇌餒 之lə래来萊徠睞 微luəi릐릐
儡[又見賄韻]儡耒 之lə릐賚 微puəi배輩 物p'uət배配 之bə배倍蓓 微buəi배裴 微
beəi배徘 職puək빅背 之puə빅杯 之p'uə빅胚坯醅 之buə빅培陪 之buə패佩 物buət패
悖[又見月韻] 月p'iwat폐廢 月p'iwat폐肺 月biwat폐吠 微muəi매枚玫 之muə믹每莓
梅媒 物muət믹昧妹

十二. 真軫震 -ĭen -ĭwen -iuen -ĭen

文dʑiwən연吮 文ɣiwən운隕殞 文ɣiwən윤允 真ɳiwən윤尹 真ɳiwən윤閏潤 文ŋuən은
銀垠 真ien인因茵姻洇氤印 真kien인寅引蚓 文kien견巾 文t'ien견甄 文giwən균窘
真ɳiwən균勻 真kiwən균鈞均 真k'iwən균困[又見真韻] 文giwən균菌 真ɣiwən균筠 文
kien근僅覲廑饉 真kien긴緊 文xien흔釁 文siuən준遵 文tiwən준准隼蠢 文ts'uən준
逡 文tsiwən준俊駿 文siwən준浚峻 真ien진真瞋縝 文t'ien진振賑[又見軫韻]賑賑
震軫診疹 文ztiən진辰 真ien진榛臻 真ien진齔 真tsien진津進晉縉 真dzien진秦
盡 真t'ien진鎮 文t'ien진珍 真t'ien진趁 真dien진陳陣 文t'iwən춘春 文t'iwən춘椿 真
ts'ien친親 文ziwən순純純淳循肫順舜諄 真siwən순筍笋 文ziwən순巡馴 文ziən순
蜃 文ziwən순醇鶉瞬 真siwən순荀詢恂 真ziwən순旬殉 文duən순盾[又見阮韻] 元
ziwən쑫蓴 真dien신神 真zien신臣腎慎 文ziən신晨宸 文ɕien신哂 真ɕien신申身呻
伸紳 真sien신辛莘新薪信訊汛 真siwən신迅 真zien신燼贐 真ɳien신人仁忍刃仞
認韌 文duən둔屯 真dien딘塵 文luən륜綸倫輪淪掄 真lien린鄰鱗麟燐嶙轔磷藺躪

文lĭən린吝 真pĭen빈瀕 文pĭən빈彬貧豳 真bĭen빈頻蘋顰 脂bĭei빈牝 真pĭen빙賓濱
殯鬢擯 真p'ĭen빙繽 真bĭen빙嬪臏 文mĭən민閩閔憫 真mĭen민民[又見軫韻]珉泯
陽meaŋ민黽

十三. 文吻問 -ĭuən -ĭən -uən -ən

文uən온揾 文ĭwən온氳慍醞蘊酛 文ɣĭwən운雲芸耘運韻鄆暈惲 文ĭən은殷 文
uən은隱 文kĭwən군宭君捃軍 文gĭwən군群裙郡 文kĭən근斤筋謹槿靳近[动词] 文
gĭən근勤瑾芹近 文xĭwən훈熏勳薰曛醺葷訓 文ĭən흔欣昕 文pĭwən분分[分離]粉
糞 文p'ĭwən분氛紛芬分[名分]忿奮 文bĭwən분焚賁墳憤汾[又見吻韻] 文mĭwən
문文紋蚊聞聞[名譽]汶抆問紊抆믄吻刎

十四. 元阮願 -ĭɐn -ĭwɐn

元ĭɐn언偃堰 元ĭɐn언言 文uən온溫搵穩 元ĭwɐn완宛婉菀琬畹 元ŋĭwɐn완阮 元
uɐn원蜿 元ĭwɐn원冤鴛鵷怨苑 元ŋĭwɐn원元沅黿原源沅願 元xĭwɐn원諼 元ɣĭwɐn
원袁猿園轅垣爰媛援遠[遠近]遠[動詞]湲瑗媛(美女) 真en은恩 文ŋĭən은齦 文
kən간艮 文k'ən간懇墾 元k'ɐn간侃 元kĭɐn건寋建 元gĭɐn건健鍵 文kuən곤昆鯤袞鰥
文k'uən곤困悃閫捆髡 元k'ĭwɐn권勸券 元gĭwɐn권圈綣 文kən근根跟 元ɣən한恨 元
ŋĭɐn헌巘 元xĭwɐn헌軒 元xĭɐn헌獻憲 文xuən혼昏婚閽魂渾 文ɣuən혼混溷 元xĭwɐn
훤喧萱暄諼 文xĭɐn흔掀 文ɣən흔痕很 文tsuən존尊樽 文dzuən존存蹲 文ts'uən존村
忖寸 文suən손孫蓀飧損遜 元suan손巽 文tuən돈敦[敦厚]頓 文t'uən돈暾 文duən돈
沌屯鈍囤臀遁[阮韻同]豚 文t'ən탄吞 元nuan눈嫩 文luən론論[動詞]論[名詞] 文
lĭwən륜侖 元pĭwan반返反藩蕃 元bĭwan반飯[動詞]飯[名詞]燔璠繁煩樊 元p'ĭwan
번番翻幡 文puən본本奔 元puan분畚 文p'uən분噴[又見願韻] 文buən분盆笨 元

ᵐīwan만晩挽萬蔓曼 ᵡmuən문捫門 ᵡmuən민悶

十五. 寒旱翰 -ɑn -uɑn

元ɑn안安鞍 元uan완剜碗腕惋 元ŋuan완玩 元ɣuan완完緩丸紈 元ɣoan완莞 元kan간干肝竿玕竿看[又見翰韻]刊侃幹〈樹幹, 幹練〉旰 元kuan관官觀[觀看]冠[衣冠]倌棺管琯館[又見翰韻]盥觀[樓觀]灌鸛貫冠[冠軍] 元kʻuan관寬款 元xan한鼾罕漢 元ɣan한寒韓翰[又見翰韻]邗汗[可汗]邯旱瀚[浣]捍汗悍翰[又見寒韻]瀚 元xuan환歡獾煥喚渙 元ɣuan환桓換 元dzan잔殘 元tsʼuan찬纂 元tsan찬贊 元tsuan찬鑽 元tsʼan찬餐粲燦璨 元tsʻuan찬爨竄 元dzuan찬攢 元san산珊姍散[散布]繖(傘)散[解散] 元suan산酸狻算[動詞]算[名詞]蒜 元tan단丹單簞鄲旦 元tuan단端短斷[斷絕]鍛 元tʻuan단湍 元dan단檀壇但袒癉 元duan단挓緞段斷[決斷] 元tʻan단𪠲 元tʻan탄坦歎[又見寒韻]炭攤灘 元tʻuan탄嘽 元dan탄誕但彈[名詞]憚 元nuan난難[艱難]暖難[災難] 元lan라懶 元lan란闌欄瀾蘭讕攔爛 元luan란鸞鑾孿卵亂 元puan반般[又見刪韻]半絆 元pʻuan반潘判 元buan반绊盤瘢磐槃蟠伴拌叛畔 元mean만蠻 元muan만謾鰻瞞漫[又見翰韻, 大水貌]滿漫[又見寒韻, 又獨用作副詞]縵幔 元muan문懣

十六. 刪潸諫 -an -wan -æn -wæn

元ean안晏 元ŋean안顏眼雁 元ŋoan완頑 元oan원圓 ᵡɪən은殷[赤黑色] 元kan간奸 ᵡkean간艱 元kean간間[中間]簡柬揀諫間[間隔]澗 元kian견見 元oan관綰 元koan관關慣 元ɣean한閑嫻鷴限莧 ᵡkoan환鰥 元ɣoan환還鬟寰環圜患[又見諫韻]患[又見刪韻]宦擐皖幻 元tʃean잔盞 元dʒean잔孱潺棧[又見諫韻]棧[又見潸韻] 元dīwan전篆 元dʒoan찬撰饌篡 元tʃʻɪwan천串 元tʃʻean산鏟 元ʃean산刪潸山疝訕

[又見諫韻]訕[又見刪韻]汕產 元dean탄綻 文nean난赧 元lian런棟 元līwan런孌 文 liwən릇綸[綸巾] 元pean반班斑 文peən반頒 元puan반般[又見寒韻] 元pʰean반攀盼 文peən판版板 文beən판阪瓣辦 元oan만彎灣 元mean만蠻慢 元muan만謾

十七. 先銑霰 -ien -iwen -ĭɐn -ĭwen

元ian언焉嫣蔫 元ŋian언彦諺唁 ien연煙 元ian연燕[地名]燕 元īwan연娟 真īwen연淵 元ean연宴 元ŋian연妍研[研究]研[磨研]硯 元nīan연衍演延筵蜒 元līwan연捐鉛沿緣鳶 元kīwan연涓狷 元nɹian연然燃 元nīwan연軟 元zian연涎 元dīwan연椽 文ɣīwən원員圓 元ɣīwan원院援媛 真ien인咽湮 元kean깐揀 元gian건乾[乾坤]虔愆寒騫褰犍(犍爲, 郡名)件鍵蹇[又見阮韻] 真kien견堅 元kian견肩繭見 元kiwan견畎絹狷 錫kiwĕk견趼 真kʰien견牽 元kʰian견遣[遣送]繾譴 元kʰiwan견犬 元gīwan권權拳卷[曲也]鬈卷[書卷]眷倦 元xiwan현儇 真xiwen현絢 元xian현顯 真ɣien현賢弦舷 元ɣiwan현懸縣 元ɣian현峴蜆現 真ɣiwen현泫眩炫 元tʃīan전氈旃顫戰 元tʃīwan전專磚顓篆傳[傳記] 元tsʰīwan전鐫筌痊詮 文tsʰīwən전悛 元tsʰīwan전荃拴 元dzīwan전全 元tīan전展輾邅 元dīwan전傳 元dīan전纏躔 tsian전箋剪 元tsīan견煎箭箭 dzīan전錢餞[又見霰韻] 元dzian전前 元dzīwan전儁 文dʑiən진殄 元dʒoan찬撰饌 元tɹian천闡 文tsiən천薦韀 文tsʰɹiən천茜 元tsʰīan천遷淺濺[濺濺]濺擅 耕tsʰiəŋ천倩 元tʰɹiwan천穿喘 文tɹʰīwən천川釧舛 真tsʰien천千阡 元dzīwan천泉 元dzian천賤踐 元eīan선扇煽 元sian선霰鱣 元zīan선禪嬋羨 元zīan선蟬善[善惡]善[動詞]膳繕鱔 文 siən선先銑跣霰 元sīan선仙鮮[新鮮]鮮[少也]癬線 元tīwan선宣旋船琁選旋鏇漩 元zīan단單[單于] 真tien뎐顚巔滇癲 元tīwan뎐轉[以力轉動]轉[又見霰韻] 文tiən뎐殿 真dien뎐田塡闐佃甸鈿[又見先同]電畋 耕dieŋ뎐奠澱 元dean탄綻 真tʰien텬天 真nien년年 元nian년撚 侵niəm념念〈念書〉 真lien련憐 元līan련連蓮聯漣璉輦

練鏈 元līwan 련戀攣孿 元pian 변邊變 元bīan 변辨辮 卞汴弁 耕bīeŋ 병騈骿胼 真pien 편

扁[扁舟]扁遍 真pīen 편編鯿 元pīau 편鞭 真bīen 편篇偏翩 元bīan 편便[安也]便[便

利]片 元mīan 만娩棉綿免勉冕緬面 真ien 면眠眄

十八. 蕭筱嘯 -ieu -ĭɐu

青īau 요幺妖夭 青ĭau 요要[要求]要[重要]腰邀 幽ueu 요窈 青ŋiau 요堯僥嶢 青

ĭau 요遙搖窯謠瑤鷂徭 藥ĭauk 요曜耀 青kʼiau 요蹺 青ŋĭau 요繞饒橈

嬈 幽ueu 우擾[又見巧韻]青ĭau 교驕嬌矯 青kiau 교皎繳澆徼 青kʼeau 교磽

교喬橋僑嶠翹轎 藥kieu 규叫 藥kʼĭauk 규竅 青kiau 효梟驍 青xiau 효曉嘵 青器

枵 青ɣĭau 효鴞 青tiau 丕吊 tĭau 丕照詔招 青ziau 丕軺 青tsĭau 丕醮 青tsʼĭau 丕哨俏

悄[又見筱韻]峭 青sĭau 丕肖 青ĭau 丕超 青diau 丕迢髫 青tsĭau 丕焦蕉鷦剿

丕椒 青dzĭau 丕誚 青dzĭau 丕噍礁樵譙憔 青eĭau 소少[多少]少[老少]青zĭau 소韶

紹邵 幽sieu 소筱 青dīau 소召 青tĭau 소昭釗沼 宵eĭau 소燒[焚燒]幽sieu 소蕭簫瀟

嘯 青sĭau 소宵消霄綃銷逍小笑 青tiau 도挑 藥diauk 도掉[又見嘯韻]掉[又見筱韻]

幽tieu 됴雕凋調[調和]調[音調]蜩條鳥蔦 藥tĭauk 됴釣 青tʼĭau 됴跳桃 青dīau 됴朝

潮晁肇兆趙宵窕銚 青tiau 됴貂 青tʼĭau 됴跳 青diau 됴韶苕佻岩 藥niauk 뇨夒 青liau

됴遼撩寮僚(同僚)鷯繚[又見筱韻]繚[又見蕭韻]獠瞭[又見看韻]鐐(銀之美

者)鐐(脚鐐)了[明了]了[未了,了得]料 幽lieu 됴聊蓼廖 青pīau 표標飆鑣表 青

pʼĭau 표嫖漂[漂浮]漂(用水沖洗)剽票(火飛也)飄縹 青bīau 표瓢 幽bĭeu 표殍 青iau

묘杳 青mīau 묘苗眇渺淼廟妙杪 青meau 묘猫 藥mīauk 묘藐

十九. 看巧效 -au

幽eəu 요坳 幽ŋĭəu 우擾[又見筱韻]青neau 요撓[又見豪韻]青kʼeau 교敲 青ŋeau 교

咬 宵keau교交郊荍鵁鮫蛟教[使也]膠絞狡佼姣較教[教訓]校攪 覺keəuk교각
覺[寤也]窖 宵kʻeau교巧 幽xeəu효孝嘐 宵ɣeau효肴淆效校 幽ʃueə교爪 宵teau丞嘲
藥teauk丞罩 宵ʃeau丞稍 宵ʃueə丞鞘 宵ʃueə丞抄鈔[又見巧韻]鈔[又見肴韻] 侯ʃʻeo
丞炒 宵ʃeau丞梢 宵dʒueə仝巢 宵ʃeau仝捎 藥deauk도棹 宵neau뇨鐃鬧 藥neauk뇨淖
宵iau됴獠[又見蕭韻] 宵peəu표包苞胞飽[又見肴韻] 幽pʻeəu표拋泡泡[又見肴韻] 幽beəu표
庖匏咆炮[炮製]鮑 藥peauk푝爆 藥peauk표豹 幽mĩuə모蝥茅 藥meauk모貌 幽meəu
표卯昂茆

二十. 豪晧號 -au

覺əuk오媼襖奧懊 宵ŋau오敖嗷鰲熬遨鼇葵鼇傲 宵neau요撓[又見巧韻] 覺
iəuk욱燠 幽ŋueə고翱 宵kau고高膏篙槁羔杲稿槁 覺kəuk고告[告訴]誥靠 宵kʻau
고栲 宵kʻeə고尻考 幽ɣueə고嗥 宵xau호蒿 幽xəu호好[好醜]好[愛好] 宵ɣau호豪
毫濠壕鎬昊號 幽ɣəu호皓浩 宵tsau丞藻躁澡 幽tsəu丞糟遭早棗蚤絛條 覺tsuek丞
竈 宵tsʻau丞操 幽dzueə丞曹漕嘈槽造[製造]皂 宵sau丞燥燥噪繰 幽səu仝搔騷掃
嫂 宵tau도刀倒[跌到]到倒[顛倒] 幽təu도島禱[又見號韻]搗 宵tʻau도叨洮饕 幽
tʻueə도搯(掏) 宵dau도桃逃盜 幽dəu도萄陶濤道稻滔韜蹈導 藥dauk도悼 幽
討 幽nəu노猱 宵nau뇌腦惱 宵lau로勞癆嘮撈澇 勞[慰勞]幽로老 幽ləu로牢
ləu료醪 宵lau료潦(雨水大) 幽peəu보鴇報褓 幽bəu표袍抱 藥bauk푝暴[强暴] 宵xau
모耗 宵mau모髦旄毛牦毛氂 幽məu모冒帽瑁

二十一. 歌哿個 -a -ua -ĭa -ĭua

歌a아阿 歌ŋa아娥蛾鵝峨俄哦我餓 歌kʻa아呵 歌ŋua와臥訛 微ueі왜倭 宵iau요
么 歌ka가歌柯哥訶哿 歌kea가迦 歌kʻa가珂軻[轗軻]可坷 魚ka개個 歌kua과戈過

[又見個韻]鍋果裹 歌kʻua과科窠蝌髁課顆 歌xa과河呵 歌xua과夥 歌ɣa하何苛

河荷賀 微xuəi화火 ɣua화禾和[和平]禍 鐸tsak작作 歌tsa좌左佐 歌tsua좌挫 tsʻua

좌銼 歌dzua좌坐[坐立]座 歌tsʻa차蹉磋 歌dza채瘥搓嵯 歌sa사娑 微suəi사蓑 歌sua

사莎梭 歌sua쇄鎖瑣 歌ta다多 歌tia다爹[又見麻韻] 月dat대大[又見泰韻] 歌tua

타朵 歌tʻa타拖 歌tʻua타妥唾 歌da타酡陀沱鼉駝跎佗[他] 月duat타馱 歌dua타垛

墮惰 歌na나那 侯nĩwo나懦 歌la라羅蘿邏 歌lua라騾裸 鐸bĩuak박縛 歌pua파波

簸跛播 歌pʻua파坡頗[偏頗]叵頗[稍也]破 歌bua파婆鄱皤 歌mua마磨[琢磨]磨

[磨磐]摩魔

二十二. 麻馬禡 -a -ĭa -wa

魚ea아椏丫鴉 鐸eak아亞婭啞 魚ŋea아牙芽衙雅訝迓 支ŋe애涯[又見支佳韻]

鐸n̩iak야惹 魚ʎia야耶野冶也 鐸ʎiak야夜 支ue와洼窪 歌oa와瓦 魚kea가家嘉加珈

迦痂枷葭價賈[姓賈]假[真假]假[休假]蝦嫁稼架駕 歌gia가茄 魚ka고呱 魚kʻoa

고胯[又見禡韻]胯[又見麻韻] 魚koa과瓜剐 魚kʻoa과夸誇胯寡跨 魚xea하罅 魚

ɣea하瑕遐霞暇虾下夏[華夏]厦夏[春夏] 鐸xeak혁嚇 魚xoa화花華驊嘩華[姓

華]化 錫ɣwek화劃 月ɣoat화話 鐸tiak자炙 鐸dziak자籍[凭籍] 魚tia쟈者赭 鐸tĭak쟈

柘蔗鷓 魚tʻia쟈遮車[又見魚韻] 歌tʻja차差[差错]叉 歌dʒea차槎 歌tsia차嗟 歌tsʻia

차且 鐸tʻeak차侘 魚cia사奢賖 鐸cĩak사赦 魚zia사佘 魚zĩa사社 鐸ʃeak사詐 莊ʃea사

查 鐸dʒeak사乍 歌ʃea사沙紗袋鯊 鐸ʒiak사謝榭 魚dia사蛇 鐸dĭak샤쒀射麝 魚cia샤

舍舍[廬舍] 魚zia샤사斜邪 魚sia샤쒀寫瀉卸 支ʃja쇄灑 歌tia다爹[又見哿韻] 魚

dea다茶 鐸tʻeak타詫咤(吒) 歌na나那 魚nea나拿 魚pea파巴把靶 鐸peak파灞 魚pʻea파

帕 鐸pʻeak파怕 魚bea파琶耙芭杷笆爬葩罷 鐸peak패霸 魚mea마蟆麻馬禡罵

二十三. 陽養漾 -ĭaŋ -ĭwaŋ -aŋ -uaŋ

陽ĭaŋ양央昂泱鴦秧殃 陽ŋĭaŋ앙仰 陽ʎĭaŋ양陽楊揚瘍煬羊洋徉佯養樣恙漾 陽sĭaŋ양襄驤鑲 陽zĭaŋ양痒 陽nĭaŋ양釀 陽uaŋ왕汪 陽ĭwaŋ왕王旺枉 陽ɣĭwaŋ왕往 陽kaŋ강岡剛綱鋼 陽kĭaŋ僵韁疆彊襁繈繮妝薑 陽kʻaŋ강康慷 陽kʻĭaŋ강羌慶 陽gĭaŋ강强[强弱]强[勉强] 陽kuaŋ광光胱桄廣 陽kʻuaŋ광壙纊曠 陽kʻĭuaŋ광匡眶筐 獷 陽gĭwaŋ광狂 陽kaŋ항亢(星宿名)缸 陽kʻaŋ항亢[高亢]炕 陽ɣaŋ항吭航杭吭沆 抗伉吭夯行桁 陽xĭaŋ향香鄉響享向饗 陽ɕĭaŋ향餉 陽xuaŋ황恍荒慌 陽xĭwaŋ황 況貺 陽ɣuaŋ황黃璜簧潢皇煌隍凰蝗惶遑 陽tĭaŋ장障瘴 tʻĭaŋ장莊裝壯妝 陽tsaŋ 장葬臧臟 陽tsĭaŋ장槳獎蔣將[將帥]蔣醬 陽tsʻĭaŋ장鏘 陽dzaŋ장藏[庫藏]髒[內 臟]臟藏 tĭaŋ장長(生長)張長[長幼]脹 陽tĭaŋ장章樟漳璋障彰掌 陽tsĭaŋ장將漿 陽dzĭaŋ장牆薔嬙匠 陽tĭaŋ당帳 陽dĭaŋ당腸場丈杖仗[又見漾韻]仗[又見養韻] 陽tʻĭaŋ창創愴 陽tsʻaŋ창倉滄蒼搶槍 陽tʻĭaŋ창倀 陽tʻĭaŋ창昌猖倡閶敞氅暢悵唱 뵹 陽dʒĭaŋ상床狀 陽ʃĭaŋ상霜孀爽 陽saŋ상桑顙喪[治喪]喪[喪失] 陽ɕĭaŋ상殤觴 傷賞商 陽zĭaŋ상常嘗償裳上尚 陽sĭaŋ상相[相互]相[卿相]湘箱緗想 陽zĭaŋ상 祥詳庠翔象橡像 陽nĭaŋ상壤讓穰攘 陽taŋ당當瑞薰讜當[適當] 陽tʻaŋ당湯碭 蕩儻(倘)宕 陽daŋ당唐塘棠螳 陽naŋ낭囊曩 陽nĭaŋ낭娘 陽laŋ랑郎琅廊浪[陽韻] 朗浪[漾韻]閬 陽lĭaŋ량涼梁良糧粱量[丈量]兩魎量[數量]亮諒 陽paŋ방榜謗 陽 pĭwaŋ방方坊舫放 陽pʻaŋ방滂 陽pʻĭwaŋ방芳妨仿紡訪 陽baŋ방膀傍[依傍] 陽bĭwaŋ 방魴防房防 陽paŋ팽彭(彭彭, 盛大貌) 陽maŋ망芒忙茫邙莽蟒漭 陽mĭwaŋ망網 忘望[又見漾韻]望[又見陽韻]亡惘罔妄魍 陽meaŋ맹盲

二十四. 庚梗敬 -ɐŋ -ĭɐŋ -ɐŋ -ĭɐŋ -æŋ -ĭæŋ -wæŋ

耕ĭɐŋ잉鸚櫻嚶罌鶯 陽ɐŋ영英 陽ĭɐŋ영迎影映 耕ĭĭɐŋ영嬰攖纓瓔 陽ĭwɐŋ영永泳

咏 耕iweŋ 영榮縈 耕ĭeŋ 영盈楹瀛嬴 耕yĭuŋ 뎡嬴嬴 耕yĭeŋ 영營塋潁穎 耕yĭuŋ 영榮塋[又見

青韻] 耕ɣeŋ 영嶸 陽keaŋ 갱賡粳 眞kʼən 갱鏗 陽keaŋ 킁羹 陽ʼeaŋ 킁坑 uy깅

kiaŋ 경京景境竟鏡 陽keaŋ 경庚更[更改]梗鯁哽緪 更[更加] 耕keŋ 경耿耿 耕kĭeŋ

경荊驚勁警儆頸 耕kiwaŋ 경憬 陽kʼiaŋ 경卿慶 耕kʼĭeŋ 경輕 kʼĭweŋ 경傾頃 陽giaŋ 경

競 耕gĭeŋ 경擎檠 耕gĭweŋ 경瓊榮 陽giaŋ 경勁鯨 陽koaŋ 굉礦 陽kiwaŋ 굉獷 蒸ɣoŋ 굉

宏閎 陽koaŋ 굉觥 耕xueŋ 굉轟 uy굉 행倖 陽ɣeaŋ 힝行[行走]行[學行]杏荇饗 陽

xeaŋ 형亨衡蘅 陽xiwaŋ 형兄 耕kĭeŋ 형 耕ɣeŋ 홍泓 陽ɣoŋ 횡橫[縱橫]橫[蠻橫] 耕

dʒeŋ 쟁崢 耕ʃĭeŋ 징爭箏諍 耕dzĭeŋ 정阱靚凈靜靖婧 耕ĭeŋ 정正[正直]正[正月]政

征鉦整證逞 耕tsĭeŋ 정井晶旌精睛菁 dzieŋ 정情晴 耕tsʼĭeŋ 청清請鯖 耕tĭeŋ 뎡丁貞

耕ʼĭeŋ 뎡偵楨楨 耕dĭeŋ 뎡呈程醒鄭 耕ʃĭeŋ 싱生甥笙牲甡 耕ʃĭeŋ 성省 耕sĭeŋ 셩聲聖

耕zĭeŋ 셩成城誠盛[盛受]盛[茂盛] 耕sĭeŋ 셩性姓 耕ʼeaŋ 당瞠 耕deaŋ 등橙 耕ʼeaŋ 탱

撐 耕nieŋ 녕寧 耕leŋ 링冷 耕lĭeŋ 령令[使令]令[命令]領嶺 耕pĭeŋ 병幷[并州]倂 陽

piaŋ 병兵丙炳秉柄炳 耕peŋ 병迸 耕bĭeŋ 병並[又見梗韻] 陽bĭaŋ 병病 耕beŋ 붕棚 烝

peaŋ 붕繃 眞bĭen 빈𩣡 耕ʼĭeŋ 빙娉 耕pʼĭeŋ 빙聘 陽pʼeaŋ 핑烹 陽peaŋ 팽彭 耕pʼeŋ 평枰

耕bĭeŋ 평平枰坪 陽meaŋ 밍盲萌猛孟 蒸meaŋ 밍甍 陽miaŋ 밍盟 陽meaŋ 맹氓 陽miaŋ 명

明皿 耕mĭeŋ 명鳴名命

二十五. 青迥徑 -ieŋ -iweŋ -ĭeŋ -ĭweŋ

耕yĭuŋ 영榮塋[又見庚韻] 蒸ĭəŋ 응應[答應] 蒸ĭeŋ 잉孕 蒸dĭeŋ 잉剩 耕kieŋ 경

經涇到徑脛樫遶 耕kĭweŋ 경扃坰 耕kĭeŋ 경磬罄磬 蒸kəŋ 긍亙[互古] 蒸kʼəŋ 긍肯

耕kiweŋ 형炯 耕xieŋ 형馨 耕yiaŋ 형形型邢硎硎 耕yĭweŋ 형熒螢迥 蒸xĭoŋ 흥興[興趣]

耕tʼieŋ 뎡町 耕dieŋ 뎡定 蒸tĭeŋ 증拯證 耕tsʼieŋ 쳥靑[又見徑

韻]蜻 蒸tsĭeŋ 증甑 蒸dzəŋ 증贈 蒸tsʼəŋ 층層贈 蒸ĭeŋ 칭秤稱[相稱] 耕sieŋ 셩星腥醒[醉醒]醒[青韻同]猩 蒸

dᵢəŋ 승乘[名詞] 蒸ɕiəŋ 승勝[勝敗] 耕tieŋ 뎡釘釘[動詞]訂亭鼎頂酊 耕dieŋ 뎡庭

廷霆蜓停挺艇梃 蒸təŋ 등鐙[鞍鐙]磴 蒸dəŋ 등鄧 耕t'ieŋ 텽廳聽 耕nieŋ 녕寧濘寗佞

耕lieŋ 링苓聆瓴翎玲鈴伶冷零囹蛉靈齡 耕bieŋ 병瓶屛萍 耕陽biəŋ 병並[並行,並

且] 耕p'ieŋ 빙俜娉 蒸biəŋ 빙憑[又見蒸韻] 耕mieŋ 명冥溟暝瞑螟銘瞑[夜也]茗酩

二十六. 蒸 -əŋ -wəŋ -ĩəŋ

蒸ĩəŋ 응膺鷹應[應當] 蒸ŋĩəŋ 응凝 蒸uəŋ 굉肱 蒸ĩəŋ 궁兢 真ien 궁矜 蒸ɣəŋ 항恒

姮 蒸xuəŋ 훙薨 蒸xĩəŋ 훙興[興起] 蒸tĩəŋ 징微[微求]癥 蒸ʦĩəŋ 증蒸烝 蒸ʦəŋ 증憎

增曾矰罾 蒸dzĩəŋ 증繒 蒸dĩəŋ 징懲澄 蒸dzəŋ 층層 蒸ʧĩəŋ 칭稱[稱讚] 蒸dĩəŋ 승乘

[駕乘, 動詞]蠅繩塍 蒸ɕiəŋ 승勝[勝任]升 蒸zĩəŋ 승承丞 蒸səŋ 승僧 蒸ŋĩəŋ 싱仍

蒸təŋ 등登燈簦 蒸dəŋ 등騰藤滕謄 之nə 능能 蒸ləŋ 릉楞 蒸lĩəŋ 릉陵凌綾菱 蒸p'iəŋ 빙

冰憑[又見青韻] 蒸bəŋ 붕朋鵬

二十七. 尤有宥 -ĩəu -əu -iəu

幽ĩəu 우優憂 侯ʔo 우偶藕耦 之ŋiwə 우牛 之ɣĩwə 우尤疣郵友右又佑右 幽ɣei 유

幽ĩəu 우呦黝幼 幽ɣiəu 유由油游蝣羑攸悠酉莠牖誘蚰 之ɣĩwə 유有囿侑 幽ŋĩəu 유柔

蹂[又見尤韻]蹂[又見宥韻]揉[又見尤韻]揉[又見宥韻] 侯k'o 구謳鷗

歐甌漚[名詞]漚[動詞] 侯ko 구鉤溝勾(句)篝狗苟垢購遘構 幽kĩəu 구鳩九韭究

救廄糗 之kĩwə 구久玖灸疚舊 屋kok 구縠 侯k'o 구摳口扣寇嘔毆 之kĩwə 구丘邱蚯

裘 之gĩwə 구舊 幽gĩəu 구求球仇(伴侶)臼舅咎 侯xo 구詬 幽kĩəu 규糾赳 幽giəu 규虯

(蚪) 幽xĩəu 후嗅朽 侯ɣo 후侯喉猴篌後厚后吼候垕逅 幽xĩəu 휴休咻貅庥

丢稠酹 覺lĩəuk 주呪 侯tso 주走奏 幽dzĩəu 주道 幽dĩəu 주紂籀幬 幽ĩəu 주周州洲

舟儔疇丟籌躊綢 幽ʦiəu 주酒僦啾 侯ʦ'io 주鄒騶緅 幽ʧĩəu 주愁 侯tso 주陬 幽dzĩəu

幽tɕʰĭəu酋抽瘳惆 侯dʒĭo취騾 侯tsʰĭwo취取[又見虞韻] 幽dzĭəu취就 幽ʨʰuei

秋湫楸 幽dzĭəu酋鷲 幽xĭəu취臭 幽ĭəu취醜 覺dʒĭəu수愁 幽ĭəu수颼瘦溲 幽sĭəu수

修羞廋秀 侯so수藪 屋sok수漱 覺sĭəuk수宿[星宿] 幽ɕĭəu수收搜首手守狩 幽zĭuei

수酬讎受壽綬授售[又見尤韻]壽[又見有韻] 幽zĭuei수袖岫囚泅 侯do두頭逗豆

侯to두兜鬥陡 屋dok두竇 侯tĭo두晝咮 幽ĭəu두肘帚菷啁 侯tʰo두偷 幽tʰəu두透

두投 侯ĭĭəu舅柚 幽nĭəu뉴紐鈕 侯lo두樓娄傹螻髏簍漏陋鏤搜 幽lĭəu두琉流旒

劉瀏留瘤騮榴柳絡溜 覺mĭəuk두謬 屋bok복僕 之pĭwəi부否[又見虞韻]不[與有

韻'否'通] 幽pĭəu부缶 覺pʰĭəuk부覆 幽bĭəu부蜉浮阜[又見虞韻] 之bə부掊抔瓿 之

bĭwəi부負婦[又見虞韻] 覺bĭəuk부復[又也] 之pĭəu丕㔻 幽mĭəu모謀牟眸侔矛 之

mə모母[虞韻同]拇畝[虞韻同]某 幽mĭəu모牡[又見虞韻] 侯mĭo모䥥 幽məu무

茂懋貿袤戊 覺mĭəuk무繆[綢繆]

二十八. 侵寢沁 -ĭem

侵ʔmei음音陰暗愔飮[飮食]飮[使飮]蔭窨 侵ŋĭmei음吟 侵ŋĭmei임賃 侵gĭ음금黔

侵kĭəm금禁[力所勝任]禁[禁令]今襟[衿]錦金 侵kʰmei금嶔衾 侵gĭmei금芩琴禽

擒噤 侵kĭmei김金 侵kʰĭəm흠欽 侵xĭmei흠歆 侵tĭmei잠箴 談tʰmei잠讖 侵dʒĭmei줌岑

涔 侵tsəm줌簪[又見覃韻] 侵tʰmei집揕斟針 侵dĭmei짐朕鴆 侵tʃĭmei참參[參差] 侵

ʃĭmei참參[人參] 侵tʃĭmei줌譖 侵tĭmei침枕[枕衾] 侵tsĭmei짐浸 侵tsʰĭmei침侵駸寢沁

侵dĭmei침沉 ʃmei삼森滲 侵ʃəm섬摻 侵tʃĭmei심深沈[瀋陽]沈[姓氏]審深 侵zĭmei

심忱甚[又見沁韻]甚[又見寢韻]諗 侵zĭmei심甚 侵sĭmei심心 侵mĭmei심尋潯 侵

tĭmei심椹 侵tʰmei심琛郴 侵nĭmei심壬任[負荷]妊任[信任] 侵ĭmei담蟫[又見覃

韻] 侵dəm담覃 侵lĭmei음廩凛懍 侵lĭmei림林霖淋琳臨 侵pĭmei품禀 侵pʰĭmei품品

二十九. 覃感勘 -ɑm

侵əm암諳暗 侵ɣəm암頷[又見感韻]頷[又見覃韻] 談kam감甘柑泔敢 侵kəm감感 談kʼam감坎 侵kʼəm감堪戡龕 談xam감憨 談ɣam감酣邯 侵ɣəm감撼 侵xəm함喊 侵ɣəm함含 侵談ɣam함函[包函]涵菡 侵tsəm잠簪[又見侵韻] 談dzam잠暫 侵dzəm

ⵁ簪 侵tsʼəm참參[參考]驂慘 談tsʼiam참槧 談dzam참慚 侵səm삼三 元dan단壇 侵

ⵎiⵗ담蟫[又見侵韻] 談tam담擔[侵韻同]膽 談tʼam담聃 侵dəm담覃潭譚曇 談dam

담談痰澹[又見勘韻]啖澹[又見感韻]淡 侵dɛəm담湛 侵təm탐耽眈 談tʼam탐探

貪 侵nəm남南男 談nam남楠 談lam람籃襤藍覽攬濫 侵ləm람嵐婪

三十. 鹽琰豔 -ĭɛm -iem

談ĭam엄淹崦奄掩罨閹 侵mɛi엄弇 談maⵊ엄嚴儼釅 談ĭam염鹽閻豔厭燄[又見儉韻]焰琰 談ɣiam염炎 侵ŋiam겸黔鈐 談kiam겸檢 談giam겸儉芡 談kiam겸兼縑

兼鶼 談kʼiam겸謙歉 談giam겸鉗 談xiam헙險 談ɣiam헙嫌 侵dziam簪潛 談dziam겸漸

漸[又見鹽韻] 侵tiəm겸點玷 侵dəm겸簟 談niam겸黏 談ĭam占占[占卜] 談tsʼiam참

塹 談tsʼiam첨僉簽 談diam첨甜 談ɣiam첨檐簷 談maⵊ첨詹瞻襜겸占 談ɕiam섬陝閃

談ziam섬剡 談tsiam섬殲 談ĭam섬纖 談ziam엽蟾 談niam엽染冉苒髯 侵dəm담湛 談

tʼiam덤觇 談tʼiam덤添忝[又見豔韻]沾諂 談diam념恬 談liam렴廉鐮 談piam폄砭貶

三十一. 咸賺陷 -ɐm -ĭɐm -am

侵ɛəm암黯黯 談ŋɛam암巖 談keam감監[監察]鑒 侵keəm감減 侵kʼeəm감嵌 侵keəm함

緘 談ɣam함函[書函] 談ɣeam함衡陷 侵ɣeam함咸艦檻 談dʒeam참讒巉巖[又見咸

韻] 侵tsʼeam참斬 談tʃʼeam참攙 侵ʃeəm삼衫杉 侵ʃeəm섬摻 談ʃeam섬艾 侵dəm담湛

侵biwəm범凡帆梵 談biwam범范犯範

入声 17韻

一. 屋 -uk -ĭuk

屋ok옥屋 屋ĭwok욱鶍 物ĭwət욱鬱[憂鬱, 鬱鬱蔥蔥] 職ĭwək육煜[又見緝韻]
覺ĭuk육育 屋kok곡谷縠斛穀 屋k'ok곡哭 覺kĭəuk국菊掬踘鞠 職kĭwək국國[又
見職韻] 屋gĭwok국跼 屋dzok족族 屋tsok족鏃 屋ts'ok족簇 屋sok족嗾 覺dĭuk족鸞
覺ĭuk족粥 覺ʃĭəuk축畜畜 屋dok족髑 覺xĭuk축蓄 覺ʃĭəuk축祝 覺ʃĭəuk축縮 覺
tsĭə축蹙蹴 職ʃĭwək숙謖 屋sok속速 幽cĭəu숙倏 覺sĭwək숙肅宿[住宿] 覺sĭəuk숙
叔淑 覺zĭwək숙孰塾熟 覺ɲĭuk육肉 屋dok독獨讀[讀書]犢瀆牘櫝黷 屋t'ok독禿
覺tĭəuk륙竹築竺 覺dĭəuk륙逐軸舳 屋lok록祿鹿漉祿麓籠 覺lĭəuk륙六陸戮 覺
pĭuk복腹複[複雜] 職pĭwək복福蝠輻幅 覺p'ĭəuk복覆 屋p'ok복撲 職p'ĭwək복副 屋
bok복僕 職bĭwək복服菔伏洑袱鵩匐[又見職韻] 覺bĭəuk복復[恢復]馥 藥bauk
폭曝 屋mok목木沐 覺mĭəuk목目首穆睦 職mĭwək목牧

二. 沃 -uok -ĭwok

覺xĭəuk욱旭勖 屋gĭwok국局, 職pək북北 藥auk옥沃 屋ŋĭwok옥玉獄 屋ĭwok욱欲浴
屋ɲĭwok욕辱溽縟 覺xĭəuk욱旭勖 覺kĭuk곡梏 屋k'ĭwok곡曲 覺ɣĭy곡鵠 屋gĭwok국
局 屋k'əuk혹酷 屋tsĭwok족足 屋z'ĭwok족蜀 屋ts'ĭwok족促 屋dĭwok족躅 屋ĭwok
족燭觸 嘱 屋ɕĭwok속束 屋zĭwok속屬 屋zĭwok속俗續 屋sĭwok속粟 屋dĭwok속贖
覺dəuk독篤督 覺dəuk독毒纛 屋lok록彔 屋lĭwok록綠淥錄 職pək북北[又見職韻]

三. 覺 -ɔk

屋eok악渥幄握齷 屋ŋeok악岳 藥ŋeauk악樂[音樂] 屋keok각角 覺keauk각覺[知
覺] 藥keauk각榷 屋k'eok각殼 藥k'eauk학确 覺ɣeauk학學 覺tʃeok착捉 屋tʃ'eok착齪

鐸ʃeak삭朔槊 屋ʃeok삭數[頻數] 藥ₗeauk탁卓 屋teok탁啄琢 藥deauk탁擢濯
탁濁鐲 藥leauk락犖 屋peok박剝 藥peauk박駁 屋pʼeok박璞朴 覺beauk박雹 藥meauk
막邈

四. 質 $-ĭĕt$ $-ĭwet$ $-ĭuĕt$ $-ĭĕt$

質ĭet을乙 質ĭĕt일一壹 質ĭĕt일逸佚軼 錫ĭĕk일溢 物ĭwĭu율聿 質kĭĕt길吉桔
物tᶌĭu흘鷸 質sĭwet흘恤 質kʼĭĕt힐詰 物tsĭwət졸卒[終也] 物dzwət捽[又見月韻]
tĭĕt줄茁 質tĭĕt질質 質tʼĭĕt질叱 質dzĭĕt질疾嫉蒺 質tĭĕt질室蹛 質dĭĕt질耋
tᶌĕt즐櫛 物ᶍĭwət출出 質tsʼĭet칠七漆 物ĭwɐt솔率 物tᶌĭu수帥[動詞] 物sĭwət술戍
dĭwət술述術 質dᶌĭĕt즐瑟虱(蝨) 質dĭĕt실實 質sĭĕt실失室 質sĭet실悉膝蟋 質ᶇĭɐt실
日 質tĭet딜垤 質dĭet딜秩帙侄(姪) 物dĭwət튤出秫 物tᶌĭwət튤怵黜 質lĭet튤栗溧
lĭwət튤律 物pĭɐt필筆 質pĭĕt필畢蹕必蓽篳觱泌 質pʼĭĕt필匹 物bĭet필弼 質bĭĕt필苾
質mĭĕt밀密蜜謐

五. 物 $-ĭuət$ $-ĭət$

之ĭwə울郁[馥郁, 郁郁乎文哉] 物ĭwət울尉蔚 物kʼĭĕt걸乞 月kĭat계契 物kʼĭwət
굴屈崛 物gĭwət굴倔掘[又見月韻] 月kĭwat궐厥 物ᶇĭɐt흘屹 物kĭɐt흘訖 物xĭĕt흘迄
之pĭwə불不 物pĭwət불弗紼 月pĭwat불黻紱 物pʼĭwət불茀拂 物bĭwət불佛怫 物pĭwət
비沸 物mĭwət물勿 物mĭwət믈物

六. 月 $-ĭɐt$ $-ĭɐt$ $-ĭwɐt$

月ĭɐt알謁 物ᶇĭuət올兀 月tᶌĭat올曰 月tᶌĭwat월月 月ɣĭwat월越鉞粵樾 月kĭat갈羯
月gĭat갈竭碣[又見屑韻] 月kĭat게揭[又見屑韻] 物kuat골骨 物kʼĭuət굴窟 物gĭwət굴

掘[又見物韻] 月kīwat궐厥[又見物韻]蹶蕨鱖 月kʻīwat궐闕 月gīwat궐橛 月xīat헐歇 物xuət홀忽惚笏 物tsuət졸卒[卒士卒] 物tsʻuət졸猝 物dzuət졸捽[又見質韻] 物duət철凸 物tuət돌咄 物duət돌突 物nuət눌訥[吶] 月pīwat발發 物buət발勃渤 月bīwat벌伐罰閥筏 物buət패孛悖[又見队韻] 月mīwat말襪 物muət몰没殁

七. 曷 -at -uat

月uat알斡 月at알遏 月ŋiat얼蘖 月kat갈葛 月kʻat갈渴 緝pdexŋat갈喝 月ɣat갈曷褐 月kuat괄括 月koat괄鴰 月kat할割 月kʻuat활闊 月xuat활豁 月ɣuat활活 月tuat철掇[屑韻同] 葉eīap찰撮 月tat달怛 月tʻat달撻闥獺 月dat달達 月tʻuat탈脫 月duat탈奪 月lat랄剌瘌 月luat랄捋 月puat발撥 月boat발拔[挺拔] 月buat발跋 月muat말末沬秣 月mīwat말襪

八. 黠 -at -wat -æt -wæt

月eat알軋揠 質ket알戛 月koat괄刮 月ɣeat할轄 質ɣæt할黠 物xeoɣ활滑猾 物lʄīwat줄茁 月tʄeat찰札 月tʄʻeat찰察刹 月eat살殺鎩 月ʄoat쇄刷 月boat발拔[拔擢] 質pet팔八 魚pʻea말帕

九. 屑 iet iwet -ĭət tʒt -ĭwet

月ŋĭat얼孽 月īwat열悅閱 月īat열熱 質iet열噎 質niet열涅 支ŋie예霓蜺[又見齊錫韻] 月kīn예抳[曳] 質ɣĭy일軼 月gīat갈碣[又見月韻] 月ɣat갈褐[曷韻同] 月gĭat걸傑桀 月kīat게揭 質kiet結結 月kiwat결決訣玦抉鳩觖 月kiat결潔 月kʻiwat결缺 質kʻiwet결闋 月kʻiat계鍥 質kiet긜桔拮 月kīat혈孑 質xiwet혈血 質yiwet혈穴 質kiwet혈繘譎 質ɣiet힐頡擷 月tʄiat절折浙 月tʄiat절絕 月dziat절截 質tsiet절節 質tsʻiet절切竊

物ʈĭwət졸拙 月tĭwat쳘惙輟綴 月dĭat쳘轍 質diet딜迭跌耋垤 月ʈĭwat텰啜 質t'iet텰鐵饕 月t'ĭat텰徹撤哲 月ŋĭat셜齧 月k'ĭat셜挈 月ɕĭat셜設 質siet셜屑 月sĭat셜泄褻薛楔 月ɖĭat셜舌 月ɕĭwat셜說 月ɳĭat셜爇 月sĭwat셜雪 月lĭat렬列裂烈洌 月lĭwat렬劣 月pĭat별別(分別)鱉 月p'ĭat별瞥撇 月bĭat별別(離別)鼈 脂p'iei비批[又見齊韻] 月mĭat멸滅

十. 藥 -ĭɑk -ĭwɑk -ɑk -uɑk

鐸ɑk악惡[善惡]堊 藥eauk악樂[哀樂] 鐸ŋɑk악咢鄂諤鍔顎噩鱷 藥ĭauk약約藥 藥ʎĭauk약龠瀹鑰躍 鐸kɑk각各閣 鐸k'ĭɑk갹却腳 鐸gĭɑk갹噱 魚gĭɑ갹醵 鐸keɑk격格 宵kiau격쟉繳 鐸kuɑk곽郭槨 鐸k'uɑk곽廓 鐸xuɑk곽霍藿 藥ŋĭauk학虐 藥xĭauk학謔 鐸xɑk학壑郝 鐸ɣɑk학涸 藥ɣauk학鶴 鐸kĭwɑk확矍 鐸ɣĭwɑk확攫鑊 鐸ɣoɑk획獲[收穫] 鐸tsɑk작作 鐸ts'ĭɑk쟉鵲 鐸dzɑk작柞怍昨 藥dĭauk작嚼 藥ʈĭauk쟉酌灼綽 藥zĭauk쟉勺 藥tsĭauk쟉爵雀 魚tiɑ저著 魚diɑ저躇 鐸ts'ɑk착錯 藥dzauk착鑿 鐸t'ɑk척拓 鐸dzɑk조酢 藥ɕĭauk샥鑠爍 藥sĭauk샥削 鐸sɑk색索 藥zĭauk샥芍 藥ɳĭauk샥弱蒻 鐸ɳĭɑk샥若箬 鐸dɑk도度[測度] 鐸tɑk탁籜 鐸t'ɑk탁托柝 鐸dɑk탁鐸 鐸dĭɑk탹着 鐸nɑk낙諾 鐸lɑk락落洛駱絡烙珞 鐸lĭɑk략略 陽lĭɑŋ략掠 藥lĭauk력轢 鐸pɑk박博搏 鐸p'ɑk박粕 鐸bɑk박薄泊 鐸bĭwɑk박縛 鐸p'eɑk빅魄 魚buɑ부簿 鐸mɑk막莫漠寞膜幕摸 鐸meɑk믹陌[又見陌韻]貊

十一. 陌 -ɐk -ĭɐk -wɐk -æk -wæk -ĭɛk -ĭwɛk

鐸eɑk아啞[笑聲] 錫ek액厄扼 鐸ŋeɑk익額 鐸ʎiɑk익液掖腋 鐸ŋiɑk역逆 鐸ʎiɑk역亦譯嶧繹驛 錫ʎiek역易[貿易]易[難易]射[音亦] 錫ʎĭwek역役疫 錫iek익益 鐸k'eɑk긱客 鐸keɑk격格骼 錫kek격隔 錫liek격鬲 職koək괵幗 鐸koɑk괵虢 鐸kiɑk극戟

鐸k'iak극隙 鐸giak극劇 錫giek극屐 錫ɣek핵翮 職ɣeak힉核 鐸ʎiɣ혁弈奕 職keak혁

革 鐸xeak혁嚇赫 錫ɣwek화畫[動詞]劃 鐸ɣoak획獲[獲獲] 鐸ʎiak자炙[動詞] 錫

tsʼiek젹刺 錫tek젹謫摘 錫tsʼiek젹積[積聚]磧迹 鐸dziak젹藉籍[典籍] 支ʎʼie지只跖

摭 鐸ʧʼeak착窄 錫dʒek책嘖 月teat책磔 錫ʧʼek칙策冊柵責幘簀 鐸ʧiak척尺斥 錫tsʼiek

척脊蹐 錫dzʼiek척瘠 鐸sak색索 鐸ʧiak셕釋螫適 鐸ziak셕石碩 鐸siak셕昔惜舄 鐸

ziak셕夕席 鐸ʧʼeak틱坼[拆] 鐸deak틱宅澤擇 錫ʎʼiek틱蜴 錫dʼiek틱擲 鐸peak박迫 鐸

peak빅伯 鐸peak빅柏百 鐸pʼeak빅魄 鐸beak빅白帛 錫piek벽璧 鐸piak벽碧 錫pʼiek벽

僻 錫pʼiek벽襞 錫biek벽辟 鐸meak맥陌貊 錫mek믹脈 職meak믹麥

十二. 錫 -iek -iwek

支ɲie예蜺[又見齊屑韻] 錫ŋiek잌鷁 錫kiek격擊 藥kʼiauk격激 錫kʼiwek격闃 藥

ɣiɑuk격檄 質ket곧汩汩[汨羅江] 錫xiek혁闃 覺dzʼiɑuk젹寂 藥tʼiɑuk젹的 錫ʼiek젹逖

錫tsiek젹績 覺tsʼiɑuk젹戚 錫tʼiɑuk젹倜 錫ʼiek젹惕剔 覺dʼiɑuk젹滌 錫siek셕析淅蜥

晳 錫tiek뎍滴鏑嫡 錫diek뎍敵狄荻 藥dʼiɑuk뎍翟糴 屋dʼiok뎍覿 覺dʼiɑuk뎍笛迪 錫

siek틱錫裼 藥nʼiɑuk닉溺 錫liek력曆櫪瀝靂 藥lʼiɑuk력礫轢櫟 錫piek벽壁 錫pʼiek벽劈

霹 錫biek벽甓 錫miek멱覓幎

十三. 職 -ĭak -ĭwək -ək -uək

職ʎiək억億憶臆 質ʎiet억抑 職ʎiwək역域蜮 職ʎiək의薏 職ʎiek읽弋翊翼 職uək국國

[又見屋韻] 職kʼək극克 職kʼiək극亟棘極殛 職ʼək극刻 質xĭwet혁洫 職ɣuək혹或惑

職xək혹黑 職dzʼək젹賊 質tsĭet즉卽鯽 職ʎiək직織職 職tsiək직稷 ʧʼiək직仄昃 職ʎiək

척陟 職ʧʼiək즉側 職ʧʼiək즉惻測 職dĭək치値 職tsʼək직則 職sək새塞[閉塞] 職ʎiək

싴色嗇穡 職dʼiək싴食[飮食]蝕 職ʎiək싴飾式拭軾識[知識] 職ziək싴殖植 職siək

식息熄 職tək딕德 職tək득得 職dīək딕直 職ʼək특忒慝 職dək특特 職ʼtīək틱敕 職nīək닉匿 職līək력力 職dək륵勒肋 職pək북北 職pīwək폭幅 職pīək핍逼 職ək극墨 職ək묵默

十四. 緝 -ĭep

職ʼĭwək욱燠[又見屋韻] 緝īəp읍邑 緝ʼīəp읍揖 緝īəp읍把浥悒揖 緝īəp읍泣 緝īəp입入廿 緝ʼīəp급岌 緝kīəp급級汲芨急給[供給] 緝gīəp급及笈[又見葉韻] 緝xīəp급吸翕歙 緝tīəp즙汁 緝tsīəp즙楫[又見葉韻] 緝tīəp집執 緝ʼtīəp집戢 緝dzīəp집輯 緝īəp집緝 緝ʼīəp삽澀 緝ɣīəp습熠 緝eīəp습濕 緝zīəp습習襲隰 緝ʼīəp십十什拾 緝ʼīəp팁蟄 緝līəp립立粒笠

十五. 合 -ɒp -ɑp

緝kəp합閤蛤鴿 緝ɣəp합合盒 葉ɣɑp합闔盍 緝tsɑp잡匝咂 緝dzəp잡雜 鐸ʼɑk젹拓 緝səp삽卅颯趿 緝təp답答搭 緝dəp답沓 葉dɑp답遝蹋 緝ʼəp탑塔 葉tɑp탑榻 緝nəp납納 緝əp랍拉 葉lɑp랍臘邋

十六. 葉 ĭɐp iep

談iam염厭 葉ʼīɐp엽靨 葉ɣīɐp엽曄 葉gīɐp급笈[又見緝韻] 葉ɣīɐp협葉 葉kīɐp협頰 葉kʼīɐp협篋愜 葉xīɐp협協 葉ɣīɐp협俠挾莢鋏 月ʼīɐt젹摺 葉tsīɐp접接 緝dzīɐp즙楫[又見緝韻] 葉tsʼīɐp첩捷疊輒 質diet첩碟 葉tsīɐp첩睫婕 葉tsʼīɐp첩妾 葉eɐp삽霎 [又見洽韻] 葉tīɐp섭懾 葉eīɐp섭攝 葉zīɐp섭涉 葉nīɐp섭囁 葉sīɐp섭燮躞 葉nīɐp섭聶躡囁躡 葉dīɐp첩蹀蝶 葉tʼīɐp첩帖 葉dīɐp첩牒諜堞喋 葉līɐp렵獵鬣躐

十七. 洽 -ɐp -ĭɐp -ap

葉eap압壓鴨押 葉ɣeap압狎 葉ŋĭɐp업業鄴 葉keap갑甲胛 葉ɣeap갑匣 葉kĭɐp겁劫怯 繝keap겁裌 葉k'eap겹掐 葉keap협夾 葉kiɐp협挾 葉xĭɐp협脅 葉ɣeap협狹峽 繝k'eap흡恰 繝ɣeap흡洽 葉tʃeap잡眨 葉tʃeap삽插鍤 葉ʃeap삽歃霎[又見葉韻] 葉pĭwap법法 葉bĭwap핍乏

『훈몽자회』의 한자음은 기본적으로 중고 한어의 어음체계에 속한다. 앞에서 언급하다시피 한국은 1443년에야 자기의 문자가 창제되었으므로 그 전 1,500여 년간은 구이상전의 방법으로 대물림하였으므로 한국어의 한자어에는 상고, 중고, 근대 등 같지 않은 시대 한어의 음이 섞여 있을 가능성이 있다고 말한 적이 있다. 이번 절에서는 이 상황을 면밀히 검토하여 보기로 하자.

우선 한자어에 상고 한어의 흔적이 일부 보존되어 있음을 발견할 수 있다.

한어는 수천 년간 끊임없이 모음고화母音高化와 자음구개음화의 변화를 거친 언어이다. 모음고화와 자음구개음화는 한어 어음변화의 두 가지 주요한 원동력이다. 어떤 언어든 모음은 구강 안에서의 혀의 위치와 입술의 모양에 의해 그의 속성과 음가音價가 결정된다. 혀가 구강 안의 밑바닥에 놓인 모음, 이를테면 'ɑ, œ, ɑ, ɒ'등은 저모음이고 구강 위의 하느라지(상악上顎)에 접근하는 'i, y, ɨ, u'등은 고모음이며 구강 중간에 놓인 'o, e, ɔ, ε'등은 중모음이다. 아래의 설위도舌位圖를 참고하기 바란다. 같은 위치에 나란히 있는 두 음 중 오른쪽의 모음은 혀를 동그랗게 하며 발음하는 모음이다.

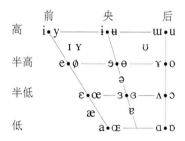

수천여 년 간 한어어음은 모음고화母音高化 현상과 자음 구개음화 현상으로 인하여 변화, 발전하여 왔다. 한어의 모음고화 현상은 특히 중모음 'o'가 고모음 'u'로 변한 것이 현저하다. 상고 한어의 중모음 'o'가 중고 한어의 고모음 'u'로 변했지만 한자어는 변하지 않은 예를 찾아볼 수 있다.

2) 『훈몽자회』 중의 상고 한어음

a) 중고 한어의 東운(상성 董과 거성 送도 포함한다. 이하 같다)은 상고 한어의 東·蒸·冬 3부가 합류하여 모두 -uŋ -ĭuŋ으로 된 것이다. 하지만 한자어에서는 상고 한어 蒸·冬부에서 유래된 것만 -uŋ 웅, -ĭuŋ융으로 되었고 상고 한어 東에서 유래된 것은 상고 한어의 oŋ옹, ĭoŋ용 음이 남아 있다.

예: **東부**oŋ**옹·**ĭoŋ**용**: 옹翁嗡蓊甕, 공工貢功攻公공贛空控孔工貢功攻公 贛孔, 홍洪哄烘荭紅虹鴻汞, 종粽, 종終, 총總囪蔥聰驄叢, 송送崧菘, 숭崧菘, 동東凍棟董同童僮銅桐瞳洞筒動慟, 통通桶痛, 롱弄朧櫳曨

聾瓏礱瀧籠攏, 봉蓬, 몽蒙濛朦蠓.

蒸·冬부uŋ·웅·ĭuŋ·융: 웅雄熊, 융融戎絨, 궁躬宮弓穹窮, 중眾仲, 충充, 숭崇, 듕中, 튱衷忠忡盅蟲沖, 륭隆, 풍風諷楓豐馮, 冬bĭwəm봉鳳, 蒸məŋ몽瞢, 蒸ĭwməŋ몽夢.

蒸·冬부이면서 '옹'인 한자는 鳳瞢夢 3개뿐인데 모두 脣音이며 순음은 o와 u의 분별이 모호한 특징이 있다. 또는 다른 원인이나 와전의 가능성도 있다.

東부가 중고 한어에서 -uŋ·웅·-ĭuŋ·융으로 발음함에도 불구하고 『훈몽자회』한자음에서 옹·-ĭoŋ, 용-oŋ으로 발음하는 현상은 상고 한어음의 잔류로 보아야 한다.

b) 입성 一屋 -uk -ĭuk

중고 한어의 입성 屋운은 상고 한어의 옥屋ok·욕沃əuk·직職ək 운이 합쳐져 -uk -iuk으로 된 것이다. 그러나 상고 한어의 욕沃əuk·직職ək 운에서 온 것만 -uk -ĭuk으로 되었고 옥屋ok에서 온 것은 여전히 상고 한어음 '옥ok'을 유지하고 있다.

예: -ok·-ĭwok → 옥·욕: 옥屋, 욕鵒, 곡谷轂斛穀哭, 족族, 촉蜀矗畜髑, 속謏速독獨讀犢瀆牘櫝黷禿, 록碌鹿漉祿麓簏, 복腹複福蝠輻幅, 覆撲副僕服菔伏茯袱鵩匐復馥, 폭曝, 목木沐目苜穆睦牧.

-ĭwək·-ĭəuk → 육·육: 욱鬱煜, 육育, 국菊掬踘鞠國跼, 주鏃蔟嗾, 죽鷟, 죽粥, 축蓄祝縮蹙蹴, 숙倐肅宿, 숙叔淑孰塾熟, 슉肉, 튝竹築竺

逐軸舳, 륙六陸戮.

屋부 ok·ǐwok → 옥·욕으로 발음하는 한자음은 상고 한어음의
잔류이다.

c) 중고 한어 옥沃운의 음가는 -uok -ǐwok이고 이에 대응되는 한자어
의 음은 모두 옥, 욕이다. 그러나 이하 4개 글자―'覺xǐəuk욱旭勖,
屋gǐwok국局, 職pək북北'만은 '욱'인데 역시 상고 한어의 잔여이다.

d) 중고 한어 虞麌遇운의 음치는 -u, -ǐu이다. 상고 한어에서 모
음이 wa, iwa, wo, iwo던 것이 중고 한어에서 모두 u로 변하였다.
그러나 모음이 a만인 것만은 한자어에서 '오'로 되었으며 이는 상고
한어의 잔여 음이다.

예: **상고 -a → 오**: 오烏污嗚惡[憎惡]吳吾梧五午伍仵迕誤悟寤晤, 고孤
辜姑觚菰呱沽酤鴣蛄剮枯鼓古股賈[商賈]苦罟酤蠱詁瞽羖固雇酤故顧
錮綺庫, 호呼虎琥滹, 조粗措조殂祚租祖組, 초醋, 소苏酥素溯, 도都
睹堵賭菟度渡酴徒途涂荼圖屠, 토土吐, 노奴帑孥駑怒拏努弩, 로盧鱸
爐蘆顱壚艫鸕瀘魯櫓鹵虜路輅露鷺璐, 뢰賂, 보甫譜補普輔步, 복僕,
포逋圃布怖鋪浦蒲匍葡脯捕哺, 모模謨摹慕暮募牡母某侮姆, 목鶩,
묘墓, 무撫毋無蕪巫誣武鵡舞嫵廡.

상고 -wa, -iwa, wo, iwo → 우유: 우迂紆虞娛麌禺愚隅嵎遇寓雨宇
禹羽于竽盂, 유俞瑜楡愉諭喻渝窬臾萸諛腴庾裕, 구嫗矩駒拘句屨區

軀驅嶇劬瞿衢懼窶癯具俱, 허栩, 후煦詡, 주珠誅侏銖駐厨躕住, 쥬主
注炷麈鑄, 추雛趨, 츄樞, 취聚, 취取娶趣, 수銖茱殊豎數戍須需, 슈輸
樹, 슈儒襦濡孺乳, 두蠹杜朱株蛛拄柱, 투妒, 루簍僂縷褸, 부夫膚趺
賦傅斧付府腑俯否婦負富副拊孚俘郛缶敷娤赴訃蚨扶芙鳧父釜賻桴
阜部簿符腐附駙, 무畝務霧鶩.

e) 중고 한어 중뉴重紐에 해당되는 한자음의 일부는 상고 한어음의
잔류이다. 중뉴重紐는 일반적으로 삼등운의 개음介音이 i 한 가지 만이
어야 하는데 개별적인 운에서 두 가지가 있는 현상을 말한다.

'한국 한자음 중 우리가 보기에 가장 기이하게 느껴지는 것은
지섭止攝 개구 삼등운 "-i"로 끝나는 운의 아음牙音과 후음喉音을 제외
한 다른 성모를 가진 것들은 대체로 開口가 "ㅣ/[i]", 合口가 "ㅠ
/[iu]"로 되어 있음에 반해, 아음과 후음자는 상당수의 경우 開口가
"ㅢ[ii]", 合口가 "ㅟ[iui]"로 나타나고 있다. 예를 들면 "奇器記(긔)",
"稀犧(희)", "懿疑(의)", "詭竘(귀)" "麾(휘)", "爲位(위)" 등과 같은 것
이다.

그러나 支운과 脂운에서는 이 밖에 "-ㅣ, -ㅠ, ㅔ, -ㅞ, -ㅢ"로
되어 있는 글자들도 있다.

韻	聲母	甲類	乙類	丙類	丁類
支	見		羈[居宜切긔]	規[居隨切규]	嬀[居爲切규]
	溪		敧[去奇切긔]	闚[去隨切규]	虧[去爲切규]
	群	祇[巨支切기]	奇[渠羈切긔]		
	疑		宜[魚羈切의]		危[魚爲切위]

韻	聲母	甲類	乙類	丙類	丁類
	曉		犧[許羈切희]	隳[許規切휴]	麾[許爲切휘]
	羽				爲[遠支切위]
	喻	移[弋支切이]			
	影		漪[於離切의]		逶[於爲切위]
紙	見	枳[居紙切기]	掎[居綺切긔]		詭[居委切궤]
	溪		綺[墟彼切긔]	跬[丘弭切규]	跪[去委切궤]
	羣		錡[渠綺切긔]		
	疑		蟻[魚倚切의]		硊[魚毀切위]
	曉				毀[許委切휘]
	喻	酏[移爾切이]			
	影		倚[於綺切의]		委[於詭切위]
寘	見		寄[居義切긔]		
	溪	企[去智切기]			
	羣		騎[奇寄切긔]		
	疑		義[宜寄切의]		僞[危睡切위]
	曉		戲[羲義切희]		
	羽				爲[榮僞切위]
	喻	易[以豉切이]			
	影	縊[於賜切이]	倚[於義切의]	恚[於避切예]	諉[於僞切위]
脂	見	飢[居脂切긔]			龜[居追切귀]
	羣	耆[渠脂切기]		葵[渠佳切규]	逵[渠追切규]
	曉	屎[虛伊切히]			
	羽				帷[洧悲切위]
	喻	夷[以脂切이]		惟[以佳切유]	
	影	伊[於脂切이]			
旨	見	几[居履切궤]		癸[居誄切규]	軌[居洧切귀]
	羣	跽[暨几切긔]		揆[葵癸切규]	
	羽				洧[榮美切유]
	喻				唯[以水切유]
至	見		冀[几利切긔]	季[癸悸切계]	愧[軌位切괴]
	溪	棄[詰利切기]	器[去冀切긔]		
	羣		曁[具器切긔]	悸[其季切계]	匱[逵位切궤]

韻	聲母	甲類	乙類	丙類	丁類
	疑		劓[魚器切의]		
	羽				位[洧冀切위]
	喩	肄[羊至切이]		遺[以醉切유]	
	影		懿[乙利切의]		

예를 들면 "岐衹企棄(기), 規癸(규), 饐(에), 季(계), 毀(훼, 俗音), 傀(괴)" 등이 있다. 이런 특이한 현상은 어떤 역사적 근거에 기인하고 있는 것일까?'[6]

이 문제를 맨 먼저 보아낸 사람은 일본학자 아리사가有坂秀世 씨이고 고노로쿠로河野六郎 씨가 진일보 발휘한 것이다.

비록 확연하게 두 부류로 갈라지지는 않았지만 止攝 3등운의 아후음에서 개구운開口韻은 'ㅣ/[i]'(갑甲류)와 'ㅢ/[ii]'(을乙류)로, 합구운合口韻은 'ㅠ/[iu]'(병丙류)와 'ㆌ/[iui]'(정丁류)로 구분된다. 이 현상을 중국의 음운학 고수들도 처음에는 간과하다가 후에 이런 구분을 인지하면서도 명확한 해석을 못한다. 그저 갑류와 을류의 개음과 병류와 정류의 개음에 약간의 차별이 있을 것 같다는 정도의 인식이다. 중뉴 현상은 상고 한어의 잔류라는 견해(이를테면 'ㅢ'로 발음하는 지支운의 글자들은 대부분 상고 한어의 歌부에서 유입된 것들이다), 중고 한어 단계에 거의 소멸되어 가는 현상이라는 견해로 모아진다. 그러나 한국어 한자음에서는 뚜렷하게 구별된다. 이는 한국어 한자음이 상고 한어음과 밀접한 관계가 있는 것으로 해석할 수밖에 없다.

---

6) 아라사가, 『한자의 조선음에 대하여』(하), 『방언』 6(5), 1936년 5월, 44쪽. 본문은 이진호의 편역본 『河野六郎과 국어 음운론』, 11쪽에서 발췌하였음.

f) 상고 한어의 喩성모는 'ɗ'음에 접근하는 음이다. 왕력 교수는 'ɗ'라 하였고 곽석량 교수의 『한자고음수책漢字古音手冊』은 'ʎ'라고 하였다. 'ɗ'건, 'ʎ'건『광운』시대에 ○성모에 접근하는 음으로 변하였다. 그러나『훈몽자회』에 3개의 喩성모 자가 'ㄷ·ㅌ'음으로 되어 있다.

예: 簷쳠←텸, 柚튝, 蟫담.

이 3글자는 상고에 '喩ɗ' 성모이다가 중고에 ○성모에 접근하는 음으로 변하였는데 '簷쳠←텸, 柚튝, 蟫담' 3자는 아직 상고 한어의 '喩ɗ' 성모가 남아 있다.

g) 개별적인 상고 한어의 음들

1. 五微尾未 -ǐei -ǐwəi의 物kət 漑개

2. 九泰 -ɑi -uɑi의 月lat 癩라

3. 十一灰賄隊 -ɒi -uɒi -ǐəi -ǐwəi의 微tiuəi 追추·歌ȶǐwa 捶추·微ȶiwəi 錐추·微t'uəi 推추 物diwət추隊

4. 二十七尤有宥 -ǐəu -əu -ǐəu(우)의 幽məu 牡모牡

5. 二十八覃感勘 -ɑm(담)의 元dan 단壇

6. 入声 17韻 一屋-uk -ǐuk(욱·육)의 覺t'ǐəuk축轟축畜 職ʃǐwək 謖속謖

7. 入声 六月 -ǐɐt -ǐwɐt(알·올·월)의 物ȶəun 訥눌訥

8. 入声 八黠 -at -wat -æt -wæt(알)의 物tʃǐwɐt 茁줄茁·月ʃɒt 刷솨刷

9. 入声 十藥 -ǐak -ǐwak -ak -uak(약)의 鐸t'ak 拓척

10. 入声 十一陌 -ɐk -ǐɐk -wɐk -æk -wæk -ǐɐk -ǐwɐk(액·억·역)의 鐸ʦiak 炙자

11. 入声 十三職 -ǐək -ǐwək -ək -uək(억·윽·욱)의 職ɣuək 或惑혹

이상 11가지 중 블록 □으로 표시한 음들은 중고 한어의 운과 어울리지 않는다. 모두 상고 한어음의 잔여일 가능성이 크다.

h) 고유어로 된 상고 한어음

붓글씨를 쓰는 용액을 한국어 고유어로 '먹'이라고 하고 한자어에서는 '묵墨'이라고 한다. 그런데 '墨'자의 상고 한어음은 '먹[mək]'이고 중고 한어음은 '묵[muək]'이다. 고유어 '먹'은 상고 한어음이고 한자어 '묵'은 중고 한어음이다.

쇠를 불에 달군 후 두드려서 각종 연장을 만드는 일을 '야장冶匠'이라고 한다. 그러나 평안도 방언에서는 '대장'이라고 한다. '冶'자의 상고 한어음은 '댜[dia]'이고 중고 한어의 음은 '야[ǐa]'이다. '대장'의 '대'는 상고 한어음이다.

중국 옛날 동방 야만민족을 '이夷'라 하였고 서방 야만민족을 '융戎'이라 하였다. '夷[diei]'의 상고 한어음은 '뎨'이고 '戎[n̨iwəm]'의 상고 한어음은 '념'이다. 우리말에 야만 민족을 '되놈'이라고 하는데 그의 어원은 '뎨념夷戎'이다. 즉 '되놈'은 우리말 고유어에 스며든 상고 한어음이다.

붓을 『훈몽자회』에는 '붇'으로 되어 있다. 이는 '筆'의 상고 한어음

'pĭət-번'의 잔여이다.

'佛'의 한자어는 '불'이다. 상고 한어음 'fut'을 '부텨'라고 하다가 '부텨 → 부쳐 → 부처'로 변하였을 것이다.

'먹墨', '대장冶匠', '되놈夷戎', '붇筆', '부처佛'처럼 상고 한어가 고유어에 스며든 어휘가 대단히 많을 것으로 예상된다. 다만 이 면에 관한 연구가 아직 활발히 전개되지 않았을 뿐이다. 이 책 제4장에 이런 내용을 좀 더 취급하려고 한다. 이런 어휘들은 한자에서 유래한 것이지만 한자어 체계에 들지 않는다. 필자는 이런 어휘를 '한자 관계어'라고 일컫는다. 때문에 이 책의 부제를 『한자어 한자 관계어 연구』라고 지었다.

3. 『훈몽자회』에 나타난 근대 한어음

1) 지사支思운의 출현

원래 상고, 중고 한어의 개음 -i-가 설면음舌面音이던 것이 근대 한어 단계에 와서 그중 일부 치음자齒音字(止攝開口삼등운—대체로 『평수운』의 四支紙寘운의 개구운에 해당함)의 개구음이 앞 초성의 치음에 동화되어 설첨음舌尖音 -ï, -ɿ로 변하였다. 송대에 씌어진 『절운지장도切韻指掌圖』에 이미 이런 설첨음을 1등 위치(원래는 3등 위치)에 놓았다. 이런 변화는 송대에 이미 변했고 1324년에 완성된 운서 『중원음운中原音韻』에서 '지사운支思韻'을 설립하고 '資즈[tsɿ]此츠[tsʻɿ]

思스[ʂɿ]' 등을 지사운에 넣었다. 이것이 止攝開口 삼등 치음의 탄생을 공식 선언한 셈이다. 『중원음운』19개 음부 중 첫째가 지사운이다.

支思 ㄱ ㄱ̇

齊微 i ei ui	先天 iɛn iuɑn
廉纖 iɛm iuɛm	車遮 iɛ ɜui ɛ
家麻 a ia ua	皆來 ai iai uai
寒山 an ian uan	監咸 am iam
江陽 aŋ iaŋ uaŋ	蕭豪 ɑu au iau
歌戈 ɔ iɔ uɔ	桓歡 uɔn
眞文 ən iən uən iuən	侵尋 əm me
庚青 əŋ iəŋ uəŋ iuəŋ	尤侯 əu iəu
東鐘 uŋ iuŋ	魚模 u iu

한어에서는 치음 章조: 章tɕ 昌tɕ'船dʑ 書ɕ 禪z 日n̩, 精조: 精ts 淸ts' 從dz 心s 邪z, 莊조: 莊tʃ 初tʃ' 崇dʒ 山ʃ, 그리고 방금 치음으로 변한 知조: 知ț 徹ț' 澄ḍ 성모의 운이 모두 지사운으로 변하였다. 그러나 한자음에서는 精조: 精ts 淸ts' 從dz 心s 邪z와 日n̩ 山ʃ 성모의 몇 글자만 변하였다. 아마 한어에서 먼저 精ts 淸ts' 從dz 心s 邪z 日nz(兒자만)와 山ʃ 성모가 변했고 그 다음에 莊tʃ 初tʃ' 崇dʒ 성모가 변했으며 또 그 다음에 章tɕ 昌tɕ'船dʑ 書ɕ 禪z 日nz이 변했고 맨 마지막에 知ț 徹ț 澄ḍ 성모가 변하였을 것이다. 한자어에서 근대 한어음이 'ㅈㅊㅅ'로 변한 것만 아래에 열거한다.

四支紙實운 치음 精ts 清tsʰ 從dz 心s 邪z와 山ʃ 성모→ᅎ: 兹滋孜子仔諮姿資恣粢姊髭觜疵訾眥紫泚雌字慈瓷茨, ᅔ: ᅔ差次此, ᄼ: 徙斯私絲死司思伺笥思辭詞祠寺飼嗣已祀似耜, 事俟師獅史駛使上仕, -모→ᄾ: 兒

『훈몽자회』 시대에 'ᅎ, ᅔ, ᄼ ᄾ'이던 음은 후세에 '자, 차, 사, 아'로 되었다. 현행 한자어는 '자, 차, 사, 아'로 읽는다. 이 어름들이 한자음에 나타나는 전형적인 근대 한어음이다.

성모가 章tɕ 昌tɕʰ 船dʑ 書ɕ 禪ʑ 日ɳ인 치음과 莊tʃ 初tʃʰ 두 음의 모음도 ɿ로 변하였지만 그들의 한자음은 'ᅎᅔᄼ'로 변하지 않고 여전히 '지치시'이다.

支tʃĩe지支枝肢知紙只思, 之tɕɿ̃지之芝止芷趾址志, 脂tʃĩei지脂祗, 支tʃĩe치卮, 脂tʃʰĩei치鴟, 之tɕʰɿ̃치蚩, 之ʃĩei치輜緇, 之dĩei치治時, 脂dĩei시示, 歌ɕĩa시施, 之ɕĩei시詩市始, 脂ɕĩei시尸蓍視矢, 支ɕĩe시翅豕, 之zɿ̃시時塒蒔恃侍, 支zĩe시是匙氏豉, 支sĩe시漸厮, 脂zĩei시兕.

2) '椿 雙 刷 耍 蒜' 등 자의 음

근대 한어 단계에 와서 강江운 '莊tʃ 初tʃʰ 崇dʒ 山ʃ' 성모의 일부 글자가 개구운 '-ang'음으로부터 합구운 '-uang' 또는 '-ua'음으로 변하였다. 이를테면 '椿 雙 刷' 등 글자이다. 『훈몽자회』에 '椿'을 '쟝', '雙'을 '솽', '刷'를 '솨'로 耍를 솨, 蒜을 쉰으로 표기하였는데 이는 근대 한어의 반영이다. 그러나 개별 글자에 국한되었으므로 간단히 언급하는 데 그친다.

총결지어 말하면 한자음의 계통은 주체가 중고 한어 어음체계이다. 그러나 2)a~h는 상고 한어음의 잔여이고 3. 1), 2)는 근대 한어의 음이다. 한자어의 계통은 마치 한 사람이 신발은 2천여 년 전의 초신을 신었고(상고 한어의 음) 몸은 1천여 년 전의 두루마기를 입었으며(중고 한어의 음) 눈은 몇 백 년 전 서양의 안경을 낀 것(근대 한어의 음)에 비유할 수 있다. 마치 할아버지, 아버지, 아들 세 세대가 한 집에 동거하는 격이다.

지금 한국은 고유명사를 현대 한어 표준어발음대로 적고 있다. 뿐만 아니라 고유명사 외의 말도 현대 한어 표준어로 적는 추세로 확대되고 있다. 앞으로 점점 한자어의 한 개 큰 부류를 차지하게 될지도 모른다.

만약 이렇게 되면 한자어 어음체계는 4세 동거로 변할 수도 있다.

4. 한자음의 체계를 연구하는 방법론

한자음의 어음체계를 연구하는 데는 방법론을 이야기하지 않을 수 없다. 어떤 방법론에 의해 연구하는가에 따라 연구 결과가 판이할 수 있기 때문이다.

1) 한자어 입수의 시대

한자어를 연구하는데 먼저 대두되는 과제는 도대체 한자는 언제 중국으로부터 입수하였으며 한자음의 어음체계는 한어 어느 시대의 어음부터 시작하였다 하는 것이다.

우선은 한자가 어느 때 한국어에 입수되었는가 하는 문제이다. 본문을 쓰며 필자는 한국어 한자음의 어음체계를 연구한 저서로 주요하게 일본학자 아리사가有坂秀世, 고노로쿠로河野六郎, 그리고 북경 대학 안병호安炳浩 교수 이 세 분 학자의 것을 많이 참고하였다.

고노는 한국의 '한자음은 여러 시대 층의 음을 포함한 것이며 이럴 경우 한국 한자음의 이용도 결코 단순하지 않게 된다. 그러나 가장 오래된 층은 역시 중국문화가 한국에 뿌리를 내린 당대唐代 초기의 음을 가리킨다고 보는 것이 가장 온당할 것이라고 하였다. 한국 한자음에서 아후음牙喉音의 삼등을 직음처럼 다루는 것은 일본의 오음吳音과 공동적이며 이것이 한음漢音이나 서장西藏 역음에서 보이지 않는 것을 보아도 결국 당唐 초기든지 육조六朝 말엽의 상황을 전한 것이라고 생각된다'고 단언하였다.7) 아라사가는 한국 한자음을 10세기 중국 개봉 지방의 한자음으로 보았다.8)

안병호 교수는 조선에서 개인적으로 '한문과 접촉한 것은 기원

---

7) 河野六郎의 『한국 한자음의 한 특징』; 이진호 편역, 『河野六郎과 국어 음운론』, 지식과 교양, 2012, 194쪽.

8) 有坂秀世의 『한자의 조선음에 대하여』에서 송대의 개봉음설을 주장하였다. 위의 책, 191쪽.

전후 시기이며 공식 말로 널리 사용된 것도 그보다 과히 늦은 시기는 아니다'9)라고 하고 '조선 한자음이 단일한 체계로 정립되게 된 것은 또한 기원 958년 이후 고려에서 통일적으로 실시한 과거제도와도 관련된다고 할 수 있다.'라고 하였다.10) 그러면서 안병호 교수는 '조선 한자음 체계는 일단 세워진 다음 중국음의 변천으로부터 하등의 직접적인 영향을 받지 않고 독자적으로 발전하여 왔다'라고 강조하였다.11)

필자는 견해를 이들과 많이 달리 하고자 한다. 한반도는 기원전 109년 한나라가 고조선을 멸망시키고 한반도에 4개 군, 즉 한사군을 만들었다. 이때부터 시작하여 서진왕조가 멸망하고 고구려가 한사군을 완전히 점령한 서기 313년까지 한반도 정치, 경제, 문화의 주요 중심지인 북반부는 421년간 중원왕조의 식민지였다. 한자어 체계는 바로 그때 형성되었을 것이다.

한나라 무제는 한 원봉元封 2년(B.C.109년)~원봉 3년(B.C.108년)에 한반도를 침략하여 위만衛滿 조선을 멸망시킨 후 그곳에 낙랑浪郡, 진번真番, 임둔臨屯 및 현도菟郡, 등 4개 군을 설치하였다. 그중 현도군은 B.C.107년에 설치하였고 다른 3개 군은 B.C.108년에 설치하였다. B.C.82년에 이르러 진번, 임둔 두 개 군과 현도군의 동부 지역을 낙랑군에 합병하였으며 낙랑군을 동부도위와 서부도위로 나누어 통치하였다. 나머지 현도군은 고구려현으로 자리를 옮겼다. 동한,

---

9) 안병호,『조선 한자음 체계의 연구』, 김일성종합대학출판사, 1996년 11월, 29쪽.
10) 안병호, 위의 책, 11쪽.
11) 안병호, 위의 책, 10쪽.

삼국 위魏 및 서진왕조는 계속 상기 낙랑군과 현도에 대한 통치를 유지하였다. 한현제漢獻帝 때 요동을 할거한 공손강公孫康은 낙랑군의 남부 지역을 분리하여 대방군帶方郡을 설치하였으며 삼국三國 위魏와 서진西晉도 그 행정구역에 대한 통치를 계승하였다.

313년 낙랑, 대방 두 군을 통치하던 장통張統은 장기간 고구려, 백제와의 전쟁을 감내할 수 없어 1천여 세대를 거느리고 요서遼西로 도피하여 모용외慕容廆에게 귀의하였다. 서진 팔왕지란八王之亂 때 중원은 대혼란에 빠졌고 고구려는 그의 세력을 남쪽 지역으로 뻗쳐 끝내 313년에 낙랑군을 멸망시켰다. 이로 하여 중원왕조의 한반도에 대한 통치는 막을 내렸다.

낙랑군의 치소治所는 고조선 위씨조선의 수도 왕검성—지금 평양 부근의 대동강 남쪽이다. 현도군의 치소는 현재의 함경도 함흥 일대이다. 진번군의 치소는 현재 황해도와 경기도 일대이다. 임둔군의 치소는 현재 강원도 일대이다. 고구려현은 현 요녕성遼寧省 무순시撫順市 신빈현新賓縣이다. 4개 군은 모두 그 밑에 몇 개의 현을 두어 통치했다. 이런 지역들을 한데 합치면 한반도의 청천강 이북부터 요동까지의 광활한 지역을 포함하여 산해관 부근까지 이른다. 즉 고조선은 우리 겨레 정치, 경제, 문화의 주요 지역이라고 말할 수 있다.

이 지역은 B.C.109년부터 A.D.313년까지 421년간 중원왕조의 식민지였다. 이런 식민지는 중원민족의 과두寡頭 통치자가 와서 통치한 것이 아니라 대량의 중원민족이 거주하며 통치한 상태이다. 그러므로 이 지역에 한어 방언이 형성될 정도이다. 얼마 안 되는 과두 통치자만 와서 통치하였다면 이 지역에 한어 방언이 생길 수 없다. 동한 양웅의 『방언方言』 책에 중국 각 지역의 방언을 수록하였는데 조선 열수 지역의 방언이 모두 26항이나 기록되어 있다. 아래에 그 방언들을 열거한다.

1. 1-8[12) 咺、唏、㤿、悝, 痛也。凡哀泣而不止曰咺, 哀而不泣曰唏。……燕之外鄙, 朝鮮洌水之間, 少兒泣而不止曰咺。

2. 2-5 顤、鑠、盰、揚、睔, 隻也。……燕代朝鮮洌水之間曰盰, 或謂之揚。

3. 2-8 私、策、纖、葆、稺、杪, 小也。……燕之北鄙朝鮮洌水之間謂之策。故傳曰: 慈母之怒子也, 雖折葽笞之, 其惠存焉。

4. 2-29 揄鋪、幬㠾, 帗縷、葉輸, 毳也。……燕之北郊朝鮮洌水之間曰葉輸。

5. 2-34 速、逞、搖扇, 疾也。東齊海岱之間曰速, ……燕之外鄙朝鮮洌水之間曰搖扇。

6. 3-6 �、譌、譁、涅, 化也。燕朝鮮洌水之間曰涅, 或曰譁。雞伏卵而未孚, 始化之時, 謂之涅。

7. 3-7 㪉、協, 汁也。北燕朝鮮洌水之間曰㪉。

8. 3-11 凡草木刺人, 北燕朝鮮之間謂之茦, 或謂之壯。

9. 3-12 12 凡飲藥傅藥而毒, 南楚之外謂之瘌, ……北燕朝鮮之間謂之瘆。

10. 4-41 扉、屨、麤, 履也。……東北朝鮮洌水之間謂之鞮角。

11. 5-1 鍑, 北燕朝鮮洌水之間或謂之錪, 或謂之鉼。

12. 5-11 甇, 陳魏宋楚之間曰甋, 或曰瓨。燕之東北朝鮮洌水之間謂之瓺。

---

12) 1. 1-8: 첫째 1.은 순차이고 1-8은 『방언』의 제1장 제8절이라는 뜻이다.

13. 5-24 盂, 燕之東北朝鮮洌水之間謂之斞。

14. 5-29 橛, 燕之東北朝鮮洌水之間謂之椴。

15. 5-33 床, ⋯⋯其杠, 北燕朝鮮之間謂之樹。

16. 6-31 徥、用, 行也。朝鮮洌水之間或曰徥。

17. 7-12 斯、掬, 離也。⋯⋯燕之外郊朝鮮洌水之間曰掬。

18. 7-15 脯、曬、晞, 暴也。⋯⋯燕之外郊朝鮮洌水之間凡暴肉, 發人之
    私, 披牛羊之五藏, 謂之脯。

19. 7-18 魏盈, 怒也。燕之外郊朝鮮洌水之間凡言呵叱者謂之魏盈。

20. 7-25 漢漫、眠眩, 懣也。朝鮮洌水之間煩懣謂之漢漫, 顛眴謂之眠眩。

21. 7-31 樹植, 立也。燕之外郊朝鮮洌水之間凡言置立者謂之樹植。

22. 8-2 貔, 陳楚江淮之間謂之狓, 北燕朝鮮之間謂之貊。

23. 8-4 雞, ⋯⋯北燕朝鮮洌水之間謂伏雞曰抱。爵子及雞雛皆謂之鷇。
    其卵伏而未孚始化謂之涅。

24. 8-5 豬, 北燕朝鮮之間謂之豭。

25. 8-9 尸鳩, 燕之東北朝鮮洌水之間謂之鷑鳩。⋯⋯燕之東北朝鮮洌水
    之間謂之鵊。

26. 11-16 鼅鼄, 鼅蟱也。⋯⋯北燕朝鮮洌水之間謂之蝳蜍。

식민지 국민에게 종주국의 언어가 침투됨은 당송 때 한반도의
유학생과 사절단이 당과 송에 많이 오간 데 비해 엄청나게 심각하
였을 것이다. 한자어가 형성된 시기는 바로 한사군 때이다. 상고
한어가 3세기 이전의 언어이면 한반도의 식민지 시기가 421년 중
300년이 상고 한어의 시기이다. 이만한 기간이라면 한국어 한자어

에 상고 한어의 어음 체계가 형성되고도 남음이 있을 것이다.

안병호 교수가 '한자어의 체계가 일단 세워진 다음 중국음의 변천으로부터 하등의 직접적인 영향을 받지 않고 독자적으로 발전하여 왔다'고 한 것은 한자음을 규범한 10세기 중반 고려 후기의 이야기이고 그 전 1100년간의 한자음이 변화, 발전한 것을 간과한 말이 되겠다.

우리 겨레는 중원한족과 잡거하여 그들의 통치를 받으며 살았을 것이며 그때 거의 중원민족에 동화될 정도로 한어의 침투를 감내하였을 것이다.

2) 한자음의 다원성多元成

일본은 3세기부터 한자와의 접촉이 있었으며 한자를 본격적으로 사용한 역사는 중국 당나라 때부터이다. 즉 일본이 한자를 받아들인 역사는 우리겨레보다 700년이나 짧다. 그러나 일본의 한자음은 칼로 베듯이 가를 수는 없지만 오음吳音, 당음唐音, 한음漢音 등으로 명확히 구분된다. 일본보다 700년이나 일찍 한자를 받아들인 한자음이 한 가지 계통만이라 함은 상식적으로도 도저히 받아들일 수 없다. 7~8세기부터 일본에 문자가 있었기 때문에 일본한자음에 오음, 당음, 한음의 구별이 있다. 그러면 문자가 없는 한국어 한자음은 한 가지 어음밖에 없을 수 있는가? 한국은 1443년에야 문자가 있었으므로 그전의 한자음은 이런 구분이 안 되며 될 수도 없다. 사실 한반도는 2천여 년 간 끊임없이 한자음을 받아들이며 보완해 왔다.

문자가 있었으면 매번 보완할 때마다 한 가지 체계가 형성될 수 있지만 문자가 없으므로 어림잡아 보완하였을 것이다.

상고 한어의 -m으로 발음하는 일부 글자가 -ŋ으로 변하였다. -m과 -ŋ은 엄청나게 다르므로 부득불 -m자 한자음을 -ŋ자로 고치는 수밖에 없다. 이를테면 '짐승(衆生)'을 '중생(衆生)'으로 고쳐 읽었다. '짐승(衆生)'은 고유어로 변하였다.

그러나 '古'자를 상고 한어에서 '고'로 읽다가 중고 한어에서 '구'로 읽는다. '고'와 '구'는 거기서 거기이니까 고쳐 읽지 않고 계속 '고'로 읽는다. 이렇게 '古'자의 상고 한어음이 한자음에 남았다.

'子次思'를 중고 한어에서 '지치시'로 읽다가 근대 한어에서 'ᄌᄎᄉ'로 바뀌었다. 아무리 봐도 이 두 가지 음에 엄청난 차이가 있으므로 부득불 '子次思'의 음을 '지치시'로부터 'ᄌᄎᄉ'로 고쳤다. 일본은 문자로 고착해 놓았으므로 고치지 못하고 '子次思'를 여전히 'シ (시)'로 읽는다.

한자음은 이렇게 시대가 변하면 비슷한 음은 그대로 쓰고 많이 다른 음은 고쳐왔다. 그러므로 한자음은 다원적 음이다.

3) 이합집산의 방법론

한자 모 글자를 어떻게 발음하는가에만 착안하여 '송대 음이다, 당대 음이다, 장안 음이다 또는 개봉 음이다'라고 판단하는 것은 십분 모험적인 발상이다. 마땅히 서로 다른 음 그룹의 이합집산離合集 散을 보아야 과학적이고 정확한 판단을 내릴 수 있다.

예를 들면 중고 한어 동운은 '-ㅜ[-u]'와 '-ㅠ[-ĭu]'로 읽는데 한자어는 절반은 -ㅗ[-o]·-ㅛ[-ĭo]로 읽고 절반은 -ㅜ[-u]·ㅠ[-ĭu]로 읽는다. 이것만으로는 이 음들에 대해 이렇다, 저렇다 단언하기 어렵다. 그러나 이 두 가지 음의 내력을 보니 -ㅗ[-o]·-ㅛ[-ĭo]로 읽는 것은 상고 한어의 동부(東部-oŋ·옹·-ĭoŋ·용·)에서 왔고 -ㅜu·-ㅠĭu로 읽는 것은 상고 한어의 동부·증부(冬-ĭwəm·蒸-ĭwəŋ)에서 왔다. 즉 중고 한어의 東운이 한자어에서 두 개 그룹으로 분리되는데 마침 상고 한어의 두 개 그룹과 일치한다는 것이다. 그러므로 東운 -ㅗ[-o]·-ㅛ[-ĭo]로 읽는 절반은 상고 한어음의 잔류라고 감히 말할 수 있다. 이런 어음 그룹의 이합집산에 근거한 판단은 과학적이며 믿을 만한 판단이다.

또 중고 한어에서 [-i-]개음이 있는 지섭止攝의 3등 치음이 모두 설첨음으로 변화하였다. 이것이 근대 한어의 가장 대표적인 표징이다. 송대에 이런 변화가 이루어졌다. 그런데 한자음은 그중 精조와 山성모의 '師事士史使' 몇 자, 그리고 日모의 '兒'만 설첨음으로 변하고 다른 글자들은 변하지 않았다. 이런 분리야말로 한자음의 근대 한어의 성격을 생동하게 반영한다고 할 수 있다. 한어에서 精조, 莊조 山모의 몇 자 및 日모의 '兒'가 먼저 변하였고 山모의 기타 글자, 章조, 知조가 후에 변하였음을 한자어를 통해 알 수 있다. 한자어가 한어 발달사 연구에 기여하였다고 볼 수 있는 현상이다.

또한 지지지지支紙寘脂 네 개 운의 중뉴重紐 3등 을류에 속하는 '羈皷奇宜犧漪掎綺錡蟻倚騎義戱倚'는 모두 상고 한어의 歌부에서 유래한 글자들이다. 상고 한어의 내원이 다르므로 분류되므로 위에서 말한 이합집산의 견지에서 이들을 상고 한어의 흔적으로 봄은 완전히 정확한 판단이다.

아리사가, 고노, 그리고 안변호 교수의 연구에 상기 세 가지의 방법론을 사용하지 않았으므로 소기의 성과를 이룩하지 못하였다고 본다.

4) 제1장의 총결

1. 한국어 한자음의 주류는 중고 한어의 어음체계이다.
2. 한자음에는 상고 한어 어음체계의 요소도 조금 있는데 주요 표징은 중고 한어 동운東韻, 옥운屋韻의 글자를 상고 동부, 옥부沃部에서 유래한 절반은 옹·용으로 읽고 상고 동부冬部, 증부蒸部에서 온 절반은 웅, 융으로 읽는데 옹, 용으로 읽는 글자들은 상고 한어음의 잔류이다.
   중고 한어 우우우虞麞遇운의 음가는 -u, -ĩu 이다. 상고 한어에서 모음이 wa, iwa, wo, iwo던 것이 중고 한어에서 모두 u로 변하였다. 그러나 모음이 a인 것만은 한자어에서 '오'로 되었으며 이는 상고 한어의 잔여 음이다.
3. 한자음에는 근대 한어 어음체계의 요소도 조금 있는데 지섭止攝 개구開口 3등운 치음자 子지, 次치, 思시를 子ᄌᆞ, 次ᄎᆞ, 思ᄉᆞ로 읽는 것들이다.
   그러므로 한자음 체계는 삼세가 동거하는 체계라고 말할 수 있다.

제 2 장

한자어 지식을 현대 한어 공부에 활용

한국어에는 한자어가 약 60% 존재한다. 이 60%의 한자어를 잘 활용하면 한국인이 현대 한어를 퍽 쉽게 배울 수 있다. 한자어 지식을 현대 한어 공부에 잘 활용하려면 한자어에 대한 일정한 지식이 필요하다. 이번 장에서는 이 문제를 언급해 본다.

한자어는 옛날 우리의 조상이 한어를 입수한 것이다. 입수 당시 당연 한어 원래의 면모를 그대로 모방하기에 노력하였을 것이다. 한어 단어의 의미는 물론, 그의 어음도 그렇게 했을 것이다. 그러나 첫째는 한국어와 한어의 어음체계가 다르므로 입수할 때 제한을 받아 부득불 똑 같이 모방하지 못하였을 것이고, 두 번째는 오래 동안—500년, 1천년, 1500년, 심지어 2천여 년—의 시간이 지나며 한어의 의미와 어음이 변했을 것이고 한자어의 어음도 변했을 것이다. 그러므로 지금 우리가 쓰고 있는 한자어와 한어의 의미와 어음은 많이 달라졌다. 이 장에서는 그중 어음에 관해서만 말해본다.

한어를 배워본 사람의 말을 빌면 한어는 매우 배우기 어렵다. 어려운 원인을 말하라면 첫째는 한자를 배우기 어렵고 둘째는 한자의 발음을 익히기 어려우며 셋째는 더욱이 한자의 성조를 장악하기 어렵다 이다. '한자를 배우기 어렵다'는 언어가 아니라 문자이기 때문에 본 문에서 할애한다. '어려운' 발음을 해결하기 위해 필자는 한어의 발음을 쉽게 장악할 수 있는 여러 가지 비결을 제시한다.13)

---

13) 이 장에서는 한자의 한어 발음을 병음자모로 표기하며 필요시에만 국제음표로 표시하며 [ ]를 달았다.

비결1. 초성이 'ㄹ-, ㄴ-'인 한자

한자어의 초성 'ㄹ-, ㄴ-'에 해당하는 글자의 현대 한어 성모(초성)는 'l-, n-'이다.

ㄹ-/l-: 라羅luo 래來lai 량良liang 려旅lu 례禮li 로路lu 뢰賂lu
료料liao 루樓lou 류流liu 륵勒le 리李li.

『중한사전』에 'l-'성모의 글자가 모두 662개인데 그중 한자어에서 'ㄹ-' 초성이 아닌 한자는 '罱lǎn남 姥lǎo모 杝lí치 臉liǎn검 又liǎng인 釕liǎo조 釕liào조 簀lǒng공 葎lü이 孿luán만' 10개뿐이다(0.015%). 역으로 한어의 'l'성모 자는 모두 한자어의 'ㄹ-'초성이다.

ㄴ-/n-: 나拏na 내內nei 냥釀niang 녀女nü 네禰ni 노奴nu 뇌腦nao
뇨尿niao 누鎒nou 뉴紐niu 능能neng 니尼ni.

역으로 한어의 'n-'성모자가 반드시 한자어의 'ㄴ-'초성이 아닐 수 있다. 예를 들면 '擬'자가 한어에서는 ni이지만 한자어에서는 '의'이다. 그것은 '擬'자의 성모는 n-성모가 아니라 '疑ŋ'성모이며 '擬'자의 한어 발음이 원래 ŋi던 것이 후세에 ni음으로 됐기 때문이다. 성모가 ŋ인 한자는 한국어에서 모두 ㅇ초성으로 되었다. '兒ni' 자를 음변으로 하는 '倪霓猊婗' 등은 한어로 모두 'ni'로 발음하지만 한자어에서는 '예'로 발음한다. 역시 '疑ŋ'성모이기 때문이다. 그러

므로 한자어의 'ㄴ-'는 한어의 'n-'이지만 한어 'n-'의 대부분만 한
자어 'ㄴ-'이고 소부분은 'ㄴ-'가 아니다.

비결2. 종성이 '-ㅇ·-ㄴ·-ㅁ'인 한자

'-ㅇ·-ㄴ·-ㅁ'받침이 있는 많은 한자어 어휘를 그대로 한어로
쓸 수 있다. 단 -ㅁ받침을 -ㄴ받침으로 읽으면 된다. 이것은 -ㅇ
/-ng, -ㄴ/-n, -ㅁ/-m받침이 있는 한자는 한어에서 2천여 년 간
그 받침이 기본적으로 변하지 않았기 때문이다.

간담肝胆gāndǎn   간장肝脏gānzàng

감당敢当gǎndāng   감상感伤gǎnshāng

감탄感叹gǎntàn   관광观光guānguāng

관민官民guānmín   관심关心guānxīn

관인官印guānyìn   난관难关nánguān

난민难民nànmín   남성男声nānshēng

남양南洋nányáng   남정南征nánzhēng

낭충囊虫nángchóng   단심丹心dānxīn

담낭胆囊dǎnnáng   담담淡淡dàndàn

담당担当dāndāng   랑만浪漫làngmàn

량민良民liángmín   량심良心liángxīn

린방邻邦línbāng   망망茫茫mángmáng

민감敏感mǐngǎn   민심民心mínxīn

민정民政mínzhèng   민중民众mínzhòng

민항民航mínháng   반장班长bānzhǎng

빙산冰山bīngshān   산만散漫sǎnmàn

산림山林shānlín   산민山民shānmín

삼강三纲sān'gāng   삼춘三春sānchūn

상관上官shàngguān   상민商民shāngmín

상빈上宾shàngbīn   상심傷心shāngxīn

상장丧葬sāngzàng   상한傷寒shānghán

안민安民ānmín   안심安心ānxīn

안장安葬ānzàng   암담黯淡àndàn

암중暗中ànzhōng   인상引上yǐnshàng

장관长官zhǎngguān   장심掌心zhǎngxīn

정당正当zhèngdāng   정당政党zhèngdǎng

정중郑重zhèngzhòng   중심中心zhōngxīn

중량重量zhòngliàng   중상重赏zhòngshǎng

중심重心zhòngxīn   참안惨案cǎn'àn

창망苍茫cāngmáng   창성昌盛chāngshèng

춘심春心chūnxīn   충당充当chōngdāng

충만充满chōngmǎn   친왕亲王qīnwáng

친신亲信qīnxìn   판관判官pàn'guān

함량含量hánliàng   함양涵养hányǎng

한심寒心hánxīn   한림翰林hànlín

환관宦官huàn'guān 　　　　환난患难huànnàn

환산涣散huànsàn 　　　　환성欢声huānshēng

환심欢心huānxīn 　　　　황단黄疸huángdǎn

황량荒凉huāngliáng 　　　황망慌忙huāngmáng

비결3. 홑모음이 '오·요'인 한자

　한자어에서 모음이 'ㅗ·ㅛ'인 한자는 홑모음일 경우 한어에서 거의 다 'u·iu/ㅜ·ㅠ'로 발음한다. 한어는 모음 o·yo/ㅗ·ㅛ가 끊임없이 u·iu/ㅜ·ㅠ로 변한 언어이기 때문이다. 수천 년간 계속 이렇게 변하여 왔다.

　　ㄱ. 고-구gu: 估雇沽鼓菇古固姑孤牯故股痼辜诂酤贾顾

　　　　고-쿠ku: 库苦枯

　　　　곤-군gun: 衮衰滚滚棍鲧

　　　　곤-쿤kun: 困坤悃捆崑昆髡鲲

　　　　공-궁gong[kuŋ]: 工公功共攻供拱恭贡巩龚

　　　　공-쿵kong[kʻuŋ]: 空孔控恐

　　ㄴ. 노-누nu: 怒努奴弩驽孥

　　　　농-눙nong[nuŋ]:弄浓农脓

　　ㄷ. 도-두du: 都度渡堵睹赌镀

도-투tu: 图涂徒兔吐途屠塗

돈-둔dun: 吨顿敦

돈-툰tun: 豚忳

동-둥dong[tuŋ]: 东冬董懂动洞栋冻

동-퉁tong[t'uŋ]: 同童铜

ㄹ. 로-루lu: 路露卢鲁炉芦虏

론-룬lun: 论

롱-룽long[luŋ]: 陇弄垄聋笼

ㅁ. 모-무mu: 募慕模牟母暮牡

ㅂ. 보-부bu: 步补

보-푸pu: 普谱菩

ㅅ. 소-수su: 素溯诉苏塑

소-수shu: 疏梳

손-순sun: 孙损

송-숭song[suŋ]: 送松宋颂诵讼悚

ㅇ. 오-우u: 五误呜伍吴午吾污乌恶晤悟

용-융yong[yuŋ]: 用镛踊庸涌勇慵蛹甬痈

ㅈ. 조-주zu: 组阻租祖

조-주zhu: 助

조-추cu: 粗徂殂

존-준zun: 尊

존-춘cun: 存

종-중zong[tsuŋ]: 纵宗棕综踪

종-중zhong[tʂuŋ]: 种钟终肿

종-충cong[tsʻuŋ]: 从

종-숭song[suŋ]: 怂

ㅊ. 초-추cu: 醋

초-추chu: 初础楚

촌-춘cun: 村寸忖

총-충cong[tsʻuŋ]: 丛匆葱聪

총-중zhong[tʂuŋ]: 冢

총-충chong[tʂʻuŋ]: 铳宠

ㅌ. 토-투tu: 土兔吐菟

통-퉁tong[tʻuŋ]：通恸痛统桶筒

ㅍ. 포-부bu: 布佈怖捕哺逋

포-푸pu: 浦蒲匍葡圃铺

ㅎ. 호-후hu: 湖户呼虎互胡护壶沪狐糊浒

혼-훈hun: 昏浑混婚魂

홍-훙hong[huŋ]: 红哄洪弘烘鸿讧虹

예외: 온-원wen: 温

옹-웡weng: 翁瓮甕

옹-용yong[iuŋ]: 雍邕

상기의 글자들은 모두 한자어에서 모음이 'ㅗ·ㅛ'이지만 한어에
서는 모음이 'ㅜ·ㅠ/u·[iu]'이다. 그러므로 한자어에서 'ㅗ·ㅛ로 발
음하는 한자를 홑모음일 경우 한어에서 'ㅜ·ㅠ/u·[iu]'로 발음하면

한어가 된다.

단 순음만은 한자어 'ㅗ'를 한어 'e[ə]/ㅓ'로 발음한다.

예: 몽-멍meng[məŋ]: 梦蒙

본-번ben: 本

봉-벙feng[fəŋ]: 封逢缝蜂奉锋烽

비결2와 비결3 결합의 어휘

감동感간动둥gǎndòng	감로甘露루gānlù
고궁故구宫gùgōng	고모姑구母무gūmǔ
고용雇구佣융gùyōng	고장故구障gùzhàng
공고巩궁固구gǒnggù	공관公궁馆gōngguǎn
공로公궁路루gōnglù	공론公궁论룬gōnglùn
공리公궁利gōnglì	공리功궁利gōnglì
공민公궁民gōngmín	공소公궁诉수gōngsù
공순恭궁顺gōngshùn	공심公궁心신gōngxīn
공용公궁用융gōngyòng	공용共궁用융gòngyòng
공정公궁正gōngzhèng	공주公궁主gōngzhǔ
공중公궁众gōngzhòng	공통共궁通퉁gòngtōng
공판公궁判gōngpàn	당초当初추dāngchū
도량度두量dùliàng	도수度두数dùshù
방조帮助주bāngzhù	보양补부养bǔyǎng

보조补부助주bǔzhù   보충补부充bǔchōng

암송暗诵송ànsòng   초보初추步부chūbù

초상初추丧chūsàng   초혼初추婚혼chūhūn

촌공寸춘功궁cùngōng   촌민村춘民cūnmín

촌심寸춘心신cùnxīn   촌장村춘长cūnzhǎng

촌토寸춘土투cùntǔ   총망匆충忙cōngmáng

총총匆충匆총cōngcōng   충동冲动둥chōngdòng

비결4. 모음이 '아'와 '이'인 치음

'즈·츠·스'처럼 발음하는 한어의 치음齒音은 평설음平舌音과 권설음卷舌音의 구분이 있다. 평설음은 혀끝을 위 잇몸에 대고 발음하는 마찰음이고, 권설음은 혀끝을 말아서 구강 위의 하느라지軟顎에 대고 발음하는 마찰음이다. 어떤 치음이 평설음이고, 어떤 치음이 권설음인가를 구분하고 장악하기는 여간 힘든 일이 아니다. 그러나 한자어를 아는 우리 민족은 이를 쉽게 구분할 수 있다. 한어에서 '즈·츠·스'처럼 발음하지만 한자어에서 모음이 'ㅏ', 즉 '자·차·사'로 말음하는 것들은 평설음이고, 모음이 'ㅣ', 즉 '지·치·시'로 발음하는 글들은 권설음이다.

1) 모음이 'ㅏ', 즉 '자·차·사'면 평설음 zi·ci·si

자-zi: 子仔字孜籽兹滋孳恣咨资姿咨粢谘姊秭訾赀紫自赼 ci刺慈瓷雌磁

차-ci: 次伏此㤠泚

사-si: 四泗驷死丝似私思寺司伺饲俟汜姒斯肆嗣饲巳祀 ci祠辞词赐

2) 모음이 'ㅣ', 즉 '지·치·시'면 권설음 zhi·chi·shi

지-zhi: 只之止祉祇肢芷沚誌知指纸支芝枝肢脂值址趾旨志至致置帜智
　　　　秩稚治祉痔峙

치-chi: 持迟池箆踟蚩炽鸱摛摛眵痴齿耻弛驰侈翅嗤哆絺 zhi值置致治寘
　　　　峙稺雉稚 痔帜徵緻

시-shi: 是时市试施诗尸始示侍视氏屎屎矢恃柿弑蒔谥豕鸤

예외: 事사, 史(使驶)사, 士(仕)사, 師(獅)사 등 몇 자만은 '사'로 발음하
　　　지만 권설음 'shi'이다.

비결4에 의한 어휘집

간사干事gànshì　　　　　간지干支gānzhī

고사故事gùshì　　　　　　고시古诗gǔshī

고자古字gǔzì　　　　　　　공사公使gōngshǐ

공사工事gōngshì　　　　　　공자公子gōngzǐ

남자男子nánzǐ　　　　　　　농사农事nóngshì

농시农时nóngshí

당사党史dǎngshǐ

당시当时dāngshí

동사冻死dòngsǐ

량사良师liángshī

류시流矢liúshī

림시临时línshí

민지民脂mínzhī

진사进士jìnshì

차자次子cìzǐ

참사惨死cǎnsǐ

초시初试chūshì

촌지寸志cùnzhì

친지亲知qīnzhī

혼사婚事hūnshì

단자单子dānzi

당시当时dàngshí

도시都市dūshì

동지冬至dōngzhì

량지良知liángzhī

리지理智lǐzhì

민사民事mínshì

암시暗示ànshì

차남次男cìnán

참사惨史cǎnshǐ

창시倡始chàngshǐ

촌사村史cūnshǐ

치통齿痛chǐtòng

한자汉字hànzì

비결5. 중성이 '오' 또는 '우'인 치음

치음 중 한어나 한자어에서 중성이 모두 ㅜu로 발음되는 자들은 에누리 없이 모두 권설음 zh, ch, sh이고, 한어에서 ㅜu로 발음되지 만 한자어에서는 ㅗo로 발음되는 자들은 대부분 평설음 z, c, s이다.

ㅅ. 소-su: 素溯苏诉塑傃溸泝酥

　　속-su: 粟速俗薂餗涑谡

　　손-sun: 孙损狲飧殡潠

　　송-song[suŋ]: 送宋松颂诵悚讼耸嵩凇悚怂竦

ㅈ. 조-zu: 祖租俎阻组

　　조-cu: 粗徂殂

　　족-zu: 族足镞

　　족-cu: 簇蔟

　　존-zun: 尊

　　존-cun: 存

　　졸-zu: 卒卆

　　졸-cu: 卒猝

　　종-zong[tsuŋ]: 宗棕综粽鬃踪骔枞纵

　　종-cong[tsʻuŋ]: 淙琮从枞

　　종-song[suŋ]: 怂忪

ㅊ. 초-cu: 醋酢

　　촉-cu: 促

　　촌-cun: 寸村邨忖

　　총-cong[tsuŋ]: 匆忽葱聪囱骢丛恖璁

　　총-zong[tsuŋ]: 总

예외: 소-shu: 梳疏

　　　속-shu: 属束赎

　　　조-zhu: 助

종-zhong[tʂuŋ]: 终种钟肿

초-chu: 初楚础

촉-chu: 触矗

촉-zhu: 烛嘱瞩

촉-shu: 蜀

총-zhong[tʂuŋ]: 冢铳.

비결6. 인체를 일컫는 한자는 3성

한어를 배어본 많은 한국인들은 한어를 배우는데 가장 어려운 것이 성조聲調라고 한다. 아래에 한어의 성조를 쉽게 장악하는 비결 몇 가지를 소개한다.

사람의 몸 표면 부위를 가리키는 대부분 명사는 3성이다.

体tǐ몸   身体shēntǐ몸

首shǒu머리(고어)   脑nǎo머리

头脑tóunǎo머리   脸liǎn얼굴

脸面liǎnmiàn   眼yǎn눈

眼睛yǎnjing눈   耳ěr귀

耳朵ěrduo귀   嘴zuǐ입

嘴唇zuǐchún입술   齿chǐ앞 이

牙yá어금이   牙齿yáchǐ이

肚dǔ배(배집)

肚子dùzi배

肩膀jiānbǎng어깨

胳膊肘gēbozhǒu팔꿈치

手shǒu손

手腕shǒuwàn손목

脚jiǎo발

指zhǐ(손·발)가락

手指甲shǒuzhǐjiǎ손톱

脚指头jiǎozhǐtou발가락

腿tuǐ다리

大腿dàtuǐ(名)넓적다리

嗓sǎng목구멍

鼻bí코

脖bó목덜미

额é이마

膝盖xīgài무릎

腰yāo허리

舌shé혀

肚子dǔzi배(배집)

膀bǎng어께

肘zhǒu팔꿈치

胳膊gēbo팔

掌zhǎng(손·발)바닥

手掌shǒuzhǎng손바닥

脚掌jiǎozhǎng발바닥

手指shǒuzhǐ손가락

脚指jiǎozhǐ발가락

股gǔ넓적다리

小腿xiǎotuǐ아랫다리

颈jǐng목

嗓子sǎngzi목구멍

鼻子bízi코

脖子bózi목덜미

头tóu머리

背bèi등, 뒷잔등

臀tún엉덩이

舌头shétou혀

위에 몸을 일컫는 핵심적 단어는 대부분 3성임을 알 수 있다. 3성이 아닌 자 일부만 기억하고 나머지는 다 3성으로 읽으면 된다.

비결7. 초성 ㄱ ㄷ ㅂ ㅈ, 종성 ㄱ ㄹ ㅂ인 한자는 2성

초성이 순한 소리 ㄱ-, ㄷ-, ㅂ-, ㅈ-이며(순한 소리 ㄱ, ㄷ, ㅂ, ㅈ에 대응되는 거센 소리는 ㅋ, ㅌ, ㅍ, ㅊ이다) 받침 -ㄱ, -ㄹ, -ㅂ가 있는 한자의 한어 발음은 대부분 2성이다. 한국어에서는 초성이 순한 소리 ㄱ인데 사실 많은 초성이 ㄱ인 한자는 순한 소리가 아니라 거센 소리 [kʼ](ㅋ)이다. (성모가 [kʼ](ㅋ)인 한자는 한자어에서 '쾌快 僧嶒夬筷璯' 등 몇 자를 제외하고 모두 순한 소리로 되었다. 이런 글자는 '-ㄱ, -ㄷ, -ㅂ' 받침이 있어도 2성이 아니다.)

ㄱ. 각-gé: 阁搁胳
　　각-jué: 觉珏角脚
　　갈-gé: 葛
　　갈-jié: 竭碣羯
　　갈-hé: 曷
　　갑-xiá:匣
　　갑-zhá: 闸
　　걸-jié: 杰
　　겁-jié: 劫
　　격-gé: 鬲隔膈骼
　　격-jué: 觖
　　격-jú: 湨
　　결-jué: 抉诀玦觖駃夬决洁絜结袺

겹-jiá: 郏袷祫

곡-hú: 斛觳鹄

골-hú: 鹘搰

괵-guó: 蝈帼掴聝馘虢

국-jú: 局锔焗踘菊

국-guó: 国

굴-jué: 掘倔崛

궐-jué: 厥撅蹶獗劂巌蹶了

귤-jú: 橘

극-jí: 亟極极棘

급-jí: 及级岌汲笈岋伋急

길-jí: 吉姞咭佶

길-jié: 髻

예외1: 곡-gǔ谷

　　　　골-gū/gǔ骨

　　　　급-gěi/jǐ给

예외2: 결-quē缺

　　　　굴-qū屈

　　　　궐-quē/què阙

　　　　극-xì隙

예외2는 한어에서 순한 소리 'g-/g/ㄱ-'가 아니라 거센소리 'k-/
ㅋ-'이기 때문이다.

ㄷ. ㄷ달-dá: 达怛妲鞑妲靼

답-dá: 答荅沓

덕-dé: 德悳

독-dú: 读牍渎犊黩讟毒独

득-dé: 得锝

예외: 독-dū督-dǔ笃

ㅂ. 박-bó: 博搏舶驳泊薄箔铂鎛膊亳礴镈爬

발-bó: 勃脖胉孛渤鹁

발-bá: 胈拔跋

백-bó: 伯帛柏

벌-fá: 伐阀罚筏

별-bié: 别蹩

복-fú: 伏服福服幅匐辐蝠袱鵩幞

불-fú: 拂佛弗氟绂韨黻袚芾

ㅈ. 작-jué爵

작-zhuó: 灼酌斫

작-zhá: 炸

작-zuó: 昨筰

잡-zá: 杂砸

잡-zhá: 喋煠

적-dí: 迪狄笛的嫡谪翟敌镝嫡籴荻廸绩笛

적-jí: 籍

절-zhé: 折

절-jié: 节截

절-jué: 绝

접-dié: 碟楪蝶

족-zú: 族镞足

졸-zú: 卒卆

죽-zhú: 竹

즉-zé: 则

즉-jí: 即

즙-jí: 戢缉楫

직-zhí: 直职

질-dié: 垤迭

질-zhí: 侄姪

질-jí: 疾嫉

집-zhí: 执絷

집-jí: 集辑

예외: 작-zuò作柞 -què雀

적-dī滴 -jī积 -zhāi摘

절-qiē切

접-jiē接

즙-zhī汁

직-zhī织

질-zhì质

비결8. 초성 'ㄴ ㄹ ㅁ', 종성 'ㅂ ㄹ ㄱ'인 한자는 4성

한자어에서 초성이 'ㄴ-, ㄹ-, ㅁ-'이며 받침 '-ㄱ, -ㅂ, -ㄹ'가 있는 한자의 한어 발음 성조는 모두 4성이다.

ㄴ. 낙-nuò: 诺

날-nà: 捺

납-nà: 纳呐衲

녹-nù: 傉

눌-nà: 呐肭

눌-nè: 呐訥

뉵-nù: 衄

닉-nì: 匿溺

닐-nì: 暱

ㄹ. 락-luò: 落洛络骆烙

랄-là: 辣

랍-là: 拉腊蜡

략-luè: 略掠

력-lì: 力历

렬-liè: 列烈洌裂

렵-liè: 猎躐

록-lù: 录渌碌麓禄绿鹿

륙-liù: 六陆陆戮剹

률-lì: 栗慄溧溧傈

률-lǜ: 率律

륵-lè: 勒肋

립-lì: 立粒笠

ㅁ. 막-mò: 莫漠寞瘼

막-mù: 幕幙

말-mò: 末沫抹靺

말-wà: 韤襪

맥-mò: 陌脉貊貉

맥-mài: 脉麦

멱-mì: 觅幂汨

멸-miè: 灭蔑篾

목-mù: 木目睦沐牧穆

몰-mò: 没

묵-mò: 冒墨黙

물-wù: 勿物

밀-mì: 密宓谧蜜

이외에 초성이 'ㅇ-'이며 '-ㄱ, -ㅂ, -ㄹ'받침이 있는 자도 대부분 4성이다. 고대 한어에서 초성이 'r-, ŋ-'이며 '-ㄱ, -ㅂ, -ㄹ'받침이 있는 자가 후세에 4성으로 변했으며 이 두 가지 초성의 자가 한자어에서 초성 'ㅇ-'로 편입됐기 때문에 초성 'ㅇ-'며 -ㄱ, -ㅂ, -ㄹ 받침이 있는 한자에 4성이 의외로 많다.

ㅇ. 악-è: 恶愕鄂鳄腭噩

　　악-wò: 握渥幄

　　악-yuè: 岳乐嶽

　　악-wù: 惡

　　액-è: 厄阨扼呃

　　액-yè: 掖液腋

　　액-yì: 缢

　　약-yào: 药钥

　　약-yuè: 龠瀹籥跃

　　약-ruò: 若弱

　　억-yì: 亿忆抑

　　얼-niè: 臬孽镍蘖

　　업-yè: 业邺

　　역-yì: 亦易役译疫懌驿绎

　　역-yù: 域魊

　　역-nì: 逆

　　열-yuè: 阅悦説

　　역-yè: 拽咽

　　열-rè: 热

　　엽-yè: 叶晔烨页

　　옥-yù: 玉钰狱

　　옥-wò: 沃

　　올-wù: 兀杌靰

올-wà: 腽

욕-yù: 欲浴峪

욕-rù: 辱缛褥蓐

욱-yù: 郁彧昱煜

욱-xù: 勖旭

울-yù: 熨尉郁

월-yuè: 月越玥钺刖戉

육-yù: 育毓粥鬻

율-yù: 矞聿

읍-yì: 邑悒浥挹揖

읍-qì: 泣

익-yì: 益翼翊弋翌鹢

일-yì: 溢镒轶逸佾佚

일-rì: 日驲鈤

입-rù: 入

예외: 액: 额é

　　　약: 约yuē

　　　열: 噎yē

　　　억: 嶷yí

　　　옥:屋wū

한자어 ≈ 한어 보충 어휘

노비奴婢núbì　　　　　농노農奴nóngnú

농도濃度nóngdù

농촌農村nóngcūn

랑송朗誦lǎngsòng

론난論難lùnnán

론총論叢lùncóng

류통流通liútōng

리용利用lìyòng

림종臨終línzhōng

모친母親mǔqīn

민용民用mínyòng

사관史觀shǐguān

사동使動shǐdòng

사리私利sīlì

사모師母shīmǔ

사민士民shìmín

사상死傷sǐshāng

사시四時sìshí

사용使用shǐyòng

사장師長shīzhǎng

사지四指sìzhǐ

사창私娼sīchāng

사통私通sītōng

산보散步sànbù

농민農民nóngmín

람용濫用lànyòng

량용兩用liǎngyòng

론리論理lùnlǐ

류동流動liúdòng

리론理論lǐlùn

리혼離婚líhūn

망종芒種mángzhòng

미로迷路mílù

사고事故shìgù

사당私黨sīdǎng

사리事理shìlǐ

사림士林shìlín

사모思慕sīmù

사사私事sīshì

사시史詩shǐshī

사심私心sīxīn

사자獅子shīzi

사주四柱sìzhù

사지四肢sìzhī

사춘思春sīchūn

사화史話shǐhuà

산촌山村shāncūn

상고上古shànggǔ   상사上司shàngsī

상소上訴shàngsù   상오上午shàngwǔ

상종喪鐘sàngzhōng   상주喪主sàngzhǔ

상지上肢shàngzhī   성모聖母shèngmǔ

성지聖旨shèngzhǐ   소송訴訟sùsòng

소통疏通shūtōng   손상損傷sǔnshāng

손자孫子sūnzi   송사訟事sòngshì

송시誦詩sòngshī   수송輸送shūsòng

수자數字shùzì   순시瞬時shùnshí

순차順次shùncì   시공施工shīgōng

시낭詩囊shīnáng   시론時論shílùn

시론試論shìlùn   시민市民shìmín

시사時事shíshì   시사詩史shīshǐ

시성詩聖shīshèng   시용施用shīyòng

시장市長shìzhǎng   시정市政shìzhèng

시정施政shīzhèng   시정時政shízhèng

시조始祖shǐzǔ   시종始終shǐzhōng

시주施主shīzhǔ   시차時差shíchā

시창視唱shìchàng   시탐試探shìtàn

시화詩話shīhuà   신사信使xìnshǐ

신시新詩xīnshī   신용信用xìnyòng

신촌新村xīncūn   신혼新婚xīnhūn

양모養母yǎngmǔ   양모養母yǎngmǔ

양자养子yǎngzǐ　　　　오관五官wǔguān

오시午時wǔshí　　　　오용誤用wùyòng

오지五指wǔzhǐ　　　　오차誤差wùchā

완공完工wángōng　　　완손王孫wángsūn

왕공王公wánggōng　　왕자王子wángzǐ

용감勇敢yǒnggǎn　　용사勇士yǒngshì

이동移動yídòng　　　이모姨母yímǔ

이송移送yísòng　　　인도印度yìndù

인소因素yīnsù　　　　인용引用yǐnyòng

인자因子yīnzǐ　　　　인화지印画紙yìnhuàzhǐ

자고自古zìgǔ　　　　자궁子宮zǐgōng

자동自動zìdòng　　　자량自量zìliàng

자만自滿zìmǎn　　　자모字母zìmǔ

자사自私zìsī　　　　자손子孫zǐsūn

자시子時zǐshí　　　　자신自信zìxìn

자양滋養zīyǎng　　　자양自養zìyǎng

자오子午zǐwǔ　　　　자존自尊zìzūn

자주自主zìzhǔ　　　　자중自重zìzhòng

자홍紫紅zǐhóng　　　잠시暫時zànshí

장고掌故zhǎnggù　　장모丈母zhàngmǔ

장손長孫zhǎngsūn　　장자長子zhǎngzǐ

정돈整頓zhěngdùn　　정론政論zhènglùn

정론正論zhènglùn　　정사政事zhèngshì

정사正史zhèngshǐ

정시正視zhèngshì

정오正午zhèngwǔ

정오正誤zhèngwù

정자正字zhèngzì

정종正宗zhèngzōng

정통正統zhèngtǒng

조공助攻zhùzhùgōng

조모祖母zǔmǔ

조상祖上zǔshàng

조손祖孫zǔsūn

조장助長zhùzhǎng

조장組長zǔzhǎng

존사尊師zūnshīà

존중尊重zūnzhòng

종마種馬zhǒngmǎ씨말

종양腫瘍zhǒngyáng

종자種子zhǒngzi

종주宗主zōngzhǔ

종지終止zhōngzhǐ

종친宗親zōngqīn

주공主攻zhǔgōng

주동主動zhǔdòng

주시注視zhùshì

주지主旨zhǔzhǐ

주차主次zhǔcì

주홍朱紅zhūhóng

중고中古zhōnggǔ

중시重視zhòngshì

중용中庸zhōngyōng

중토中土zhōngtǔ

지낭智囊zhìnáng

지론至論zhìlùn

지류支流zhīliú

지사志士zhìshì

지사知事zhīshì

지수指數zhǐshù

지시指示zhǐshì

지심知心zhīxīn

지용智勇zhìyǒng

지존至尊zhìzūn

지친至親zhìqīn

진공进攻jìngōng

진로进路jìnlù

진보进步jìnbù

탐심貪心tānxīn

탐오貪污tānwū 　　　　토로吐露tǔlù

통관通關tōngguān 　　　　통로通路tōnglù

통론通論tōnglùn 　　　　통사通史tōngshǐ

통용通用tōngyòng 　　　　통지通知tōngzhī

통혼通婚tōnghūn 　　　　통화通話tōnghuà

호송護送hùsòng 　　　　호위護衛hùwèi

호주戶主hùzhǔ 　　　　혼미昏迷hūnmí

혼상婚喪hūnsāng 　　　　환송歡送huānsòng

환호歡呼huānhū 　　　　환혼還魂huánhún

황송惶悚huángsǒng 　　　　황토黃土huángtǔ

황통皇統huángtǒng 　　　　황혼黃昏huánghūn

　

30대 이후, 특히 40~60대의 한국인이 한어를 배우는데 단어 몇십 개를 장악하기도 여간 어려운 일이 아니다. 그러나 위의 8가지 비결을 잘 익히면 1개월 내에 1,000개 이상의 한어 단어를 쉽게 장악할 수 있다. 필자의 이 방법으로 한어를 쉽게 배운 자는 개별적이고 많은 사람들은 이에 신경을 쓰지 않으려 한다. 한탄할 일이다.

제 3 장

고유명사를 한어 발음대로 표기하는 데 관하여

최근 중국 조선족 수도의 고장 '延邊'을 '옌볜'이라 표기하는 현상을 무난히 발견할 수 있다. 이는 이내 논란을 빚어냈으며 '"연변"을"옌볜"이라 부르지 말아주세요'와 '"연변"이면 주체성, "옌볜"이면 친한漢파?—발음법에 대한 논란, 언어학적 접근이 필요'라는 2편의 문장이 발표됐는데 전자는 민족정서에 그쳤고 후자는 어학적 접근을 한다며 별로 접근하지 못하였다.

지금 한국은 중국 고유명사를 현대 한어 발음대로 적고 있다. 문교부의 결정사항이다. 이는 표기상의 일대 변혁이다. 필자는 이런 방법을 무작정 반대하지는 않지만 한자음으로 적는 것이 더 좋겠다는 견해를 피력하고자 한다.

1. 언어에 내재된 문화를 보존하기 위하여

1) 한자어 발음을 무시하면 문화적 의미 증발

현대 표준발음대로 쓰면 '쟝졔스蔣介石'와 '쟝저민江澤民'이 같은 성으로 되어 버린다. '모금도 유劉'요, '버들 유柳'요, '기계 유兪'요 하며 따지는 우리민족이 중국 성씨에 대해서는 방임해도 괜찮다는 말인가! '山海關'을 '산해관'이라 하지 않고 '산하이관'이라 하면 '산과 바다를 이은 관문'이라는 뜻이 전달되지 않는다. '長白山'을 '장백산'이라 하지 않고 '창바이산'이라 하면 '항상 눈이 덮여있는 흰산'이라는 의미가 전달되지 않는다. '高麗營'을 '고려영'이라 하지 않고 '가우리영'이라 하면 '옛날 중국에 귀화한 우리민족의 군사가 주둔하고 있던 고장'이라는 의미가 전달되지 않는다. '개봉開封', '형주荊州'라 하면 『수호전』과 『삼국지』에 익숙한 우리민족이 바로 아는데 '카이펑', '징저우'라 하므로 생소한 고장이 되어 버린다.

'東, 西, 南, 北'을 '동, 서, 남, 북'이라 하지 않고 '둥, 시, 난, 베이'로 쓰면 지방의 방위관념이 명확하지 않다. '북경, 남경' 하면 '북쪽에 있는 경성, 남쪽에 있는 경성'이라는 감각이 오지만 '베이징, 난징' 하면 이런 감각이 없어진다. '河北, 河南, 山東, 山西, 江西'를 '허베이, 허난, 산둥, 산시, 쟝시'라 하면 '황하의 북쪽, 황하의 남쪽, 태행산의 동쪽, 태행산의 서쪽, 장강의 서쪽'이라는 개념이 일소된다.

2) 역사문화에 빚어지는 혼란을 막기 위하여

한국 문공부의 규정은 중국고유명사를 1919년 이후의 고유명사는 현대 한어 발음대로 적고 1918년 이전의 고유명사는 한자어 음으로 적는다고 규정하였다. 여기에 문제점이 많다. 인명에서 1919년 전인지 후인지, 1919년 전후에 치우친 사람인지, 역사학자가 아닌 사람에게는 아리송한 사람(이를테면 원세개袁世凱, 단기서段其瑞, 이홍장李鴻章, 손중산孫中山, 황흥黃興, 송교인宋教仁 등)의 인명을 어떻게 쓸 것인가 망설이게 된다.

지명에서 '南京'을 태평천국을 운운할 때는 '남경'이라 하다가 중화민국을 운운할 때는 '난징'으로 해야 한다. 한 개 도시가 두 개 도시로 변해 버린 셈이다. 역사도시 '장안長安'은 '장안'이라 하고 현대도시 '장춘長春'은 '창춘'이라 한다. 같은 '長'자를 두 가지로 읽게 된다.

3) 언어를 취급하는 문화적 시공관계

한자의 한어발음은 끊임없이 변하고 있다. 이를테면 '北京'이 '복갱'(중고), '북경'(중고 후기), '베이깅'(근대), '베이징'(현대)으로 변화하여왔다. 앞으로도 계속 변할 것이다. 고려 때 규범한 한자음 역시 한어발음이다. 단 지금의 시각에서 보면 조금 낡은 한어발음일 따름이다. 중국의 같은 고유명사를 한어음의 변화에 따라 여러 가지로(이를테면 상기 北京을 4가지로) 쓰는 것이 좋은가, 아니면 한 가지로 고착시켜 비교적 장기간—몇 백 년을 단위로, 심지어 1~2천 년을 단위로—쓰는 것이 좋은가? 각자 장단점이 있으며 필자가 보기에는 후자가 더 좋을 듯하다.

어떤 민족이나 언어에 비해 문자표기가 꼭 뒤떨어진다. 영어 'knock[nɒk](두드리다)', 'like[laɪk](좋아하다)'를 옛날에는 아마 '크노크', '리케'처럼 발음 하였을 것이지만 지금은 '노크', '라이크'로 발음한다. 영어를 배우는 사람들은 서사 형태와 발음이 맞지 않은 영어단어를 국제음성기호로의 표기에 따라 하나하나 익혀야 한다. 여간 힘든 일이 아니다.

지금의 발음에 맞추어 'nok' 'laik'로 고쳐 쓰면 이런 고역이 없어지겠지만 고쳐 쓰지 않는 원인은 어디에 있는가? 전통문화를 보존하고 단어 서사상의 혼란을 기피하기 위해서일 것이다. 만약 영어단어를 역사상 끊임없이 변화한 발음대로 고쳐 쓴다면 영어사전이 지금의 몇 배로 두터워져야 한다.

영국은 2천여 년 전의 '秦'을 나타내는 'China[ˈtʃaɪnə]-차이나'로, 러시아는 1천여 년 전의 '契丹'을 나타내는 '키타이-Китай-키타이'로 중국 국명을 표기하고 있다. 또한 조선-한국을 천여 년 전의 '고려'를 나타내는 'korea'로 표기하고 있다. 한국도 中國을 '중궈'라고 표기하지 않고 약 1천 년 전에 없어진 음 '중국'이라 표기한다. 북경대학을 'Beijing university'로 표기할 것을 요구하지만 'Beking university'로 고집해 쓰는 외국, 외국인이 많다.

모두 역사적, 전통적으로 고착된 표기를 되도록 고치지 않으려는 습관 때문이겠다. 우리민족은 중국의 고유명사를 전통적, 습관적으로 쓴 역사가 너무나 길다. 이것이 바로 한자어이다. 한자어는 이미 우리민족의 피와 뼈에 스며들 정도로 됐으며 거의 한어가 아니라 한국어처럼 됐다. 그러므로 '북경', '남경'하면 '북쪽의 경성', '남쪽의 경성'이라는 뜻이 이내 전달되지만 '베이징', '난징'하면 전달되지 않는다. 이렇게 볼 때 '연변'을 포함한 중국의 고유명사를 전통적으로 써온 한자음대로 쓰는 것이 더 낫다고 보인다. ㄱ, ㅂ, ㄹ 받침이 없는 한자의 한자어 발음은 현대 한어 표준발음과 대충 비슷하다.

2. 언어적 차원에서 보아도 부적합

1) 현대 음으로 씀의 제한성

현대음으로 써도 한어 발음과 같지 않거나 심지어 거리가 먼 예도 많다. 우선 한어의 'f'음을 'ㅍ'로 표기하는 것(푸지엔-福建, 리펑-李鵬)이 엄청난 차별이다. 그 외 한 개 음절을 두 개 음절로 쪼개 쓰는 것(상하이-上海, 광저우-廣州)도 문제다.

'延邊'을 '앤밴'으로 써야 더 한어 발음에 접근할 지도 모른다. '옌볜[ienbien]'이건 '앤밴[iɛbien]'이건 다 우리말에 쓰이지 않는 글자이이다. 이론적, 가상적 한글이지 진정한 한글이 못된다. 또한 미관에도 좋지 않다.

2) 한어의 방언을 무시할 수 없음

한어 표준어나 표준어에 접근하는 언어는 북경, 하북河北의 랑방廊
房·승덕承德, 신강新疆의 석하자石河子, 동북東北 등 5개 지역뿐이다. 상기
의 5개 지역을 다 합쳐도 약 1억 4천만밖에 안 된다. 즉 중국 인구의
1/10밖에 안 된다.

나머지 9/10 인구의 방언은 표준어와 엄청나게 다르며 오히려
우리말 한자음과 비슷한 경우가 많다. 즉 한자음으로 발언하면 중
국의 더 많은 사람이 더 쉽게 알아들을 수 있다. 민남閩南 방언 지역
사람들은 '福建'을 '복건'하면 '푸젠'하는 것보다 더 잘 알아듣는다.
월粤 방언 지역에서 '北京'을 '북경', '三亞'를 '삼아' 하면 '베이징',
'산야'하는 것보다 더 잘 알아듣는다. 교동膠東 방언 지역(산동반도와
요동반도)에서 중국 국무총리 '朱熔基'를 '주용기'하면 '주룽지'하는
것보다 더 잘 알아듣는다. 섬서陝西에서 '天安門'을 '천안문', '廈門'을
'하문'하면 '톈안먼', '쌰먼'하는 것보다 더 잘 알아듣는다. 특히 광
동의 방언은 우리말 한자어와 비슷한 것이 너무나 많다.

3) 한어를 된소리로 표기하는 문제

한어에는 된소리가 없다. 된소리는 후두喉頭(목젖)에 힘을 주어 발
음하는 음이다. 세밀히 표현하면 성문을 닫았다가 터치며 발음한
다. 한국어 된소리를 발음할 때 자세히 관찰하면 목젖이 불어나는
모양을 눈으로 감지할 수 있다. 그러나 한어에는 이런 음이 전혀

없다. 한어 4성자가 한국어의 된소리처럼 들리는데 사실은 된소리가 아니다. 한어의 4성자를 발음할 때 목젖에 추호의 변화도 생기지 않는다. 한어의 4성 자는 단지 구강에 힘주어 발음하는 음이다. 그러므로 한어는 n-, l-, m- 및 거센소리 ㅍ, ㅊ, ㅌ, ㅋ 성모의 글에 4성이 있지만 한국어 이런 초성의 글에는 된소리가 없다. 한어의 4성자를 된소리로 표기할 수 있지만(필자는 이렇게 표기한다) 이는 마지못해 쓰는 방법이다.

4) 발음대로 쓰는 문공부 규정의 엄중한 오류

구체적으로 말하면 한어의 '-ao'음을 한글 '-아오'로 옮겨 쓰는데 이는 아주 엄중한 오류이다.

한어 'ao, iao'의 실제 발음은 'au, iau'이므로 한글 '아우, 야우'로 옮겨 써야 맞다. 이를테면 '毛澤東, 溫家寶, 鄧小平 胡錦濤, 焦志敏'을 '마오저둥, 원쟈바오, 덩샤오핑, 후진타오, 쟈오즈민'이 아니라 '마우저둥, 덩샤우핑, 원쟈바우, 후진타우, 쟈우즈민'이어야 한다.

그러면 한어의 '毛, 寶, 小 濤, 焦'를 병음자모 'mau, bau, xiau, tau, jiau'라 쓸 것이지 왜 모두 '-ao'라 쓰는가? 이 문제의 답안은 비교적 긴 편폭으로 설명하여야 한다.

① 한어를 병음자모로 쓰면 앞뒤 음절이 뒤섞이는 사례가 많이 생기며 또한 이로 인하여 의미상의 오해의 소지도 생긴다. 그러므로 [y, w, '] 등 격음의 작용을 나타내는 자모나 부호를 가첨하여 이런 오해의 소지를 막는다.

a. i로 시작하는 음절은 i 앞에 격음자모 y를 들러리로 쓰고 만약 다른 모음이 있으면 i를 생략한다.

예: 榨油(기름을 짜다)zhaˈiou → zhayou,

　　牽引(끌다)qiānˈin → qiānyǐn,

　　岸英(모택동 아들의 이름)ānˈing → ānying.

　　만약 들러리 y를 써넣지 않으면 오해를 빚어낼 수 있다.

　　榨油zhaˈiou → zhaiˈou → 再嘔(또 토하다),

　　牽引qianˈin → qiaˈnǐn → 掐您(당신을 꼬집다),

　　岸英anˈing → aˈning(阿寧).

b. 모음 u로 시작하는 음절 u앞에 w를 들러리로 쓰고 다른 모음이 있으면 u를 생략한다.

예: 多湾(많은 물 구비)duoˈuan → duowan,

　　傍晚(해질 무렵)bàngˈuǎn → bàngwǎn

　　钢碗(스뎀 그릇)gāngˈuǎn → gāngwǎn.

　　만약 들러리 w를 안 쓰면 오해를 빚어낼 수 있다.

　　多湾duoˈuan → duˈouan → 獨偶岸(홀수 짝수 언덕),

　　傍晚bangˈuan → banˈguan → 半管(절반만 관할하다)

　　钢碗gangˈuan → ganˈguan → 敢管(과감히 관할하다).

c. 모음 ü로 시작하는 음절은 그 앞에 y를 들러리로 쓰고 ü를 u로 고쳐 쓴다.

예: 醫院(병원)iüan → yiyuan,

　　太原(태원, 산서성의 소재지)taiüan → taiyuan,

　　拆園(공원을 뜯어버리다)chaiüan → chaiyuan.

만약 들러리 y를 안 쓰면 오해의 소지가 생길 수 있다.

醫院iüan → 院, 太原taiüan → ta'iüan → 塔院(북경 모 지방의 이름),

拆園chaiüan → cha'iüan → 査園(공원을 검사하다).

d. i, u, ü로 시작하지 않았지만 오해가 생길 수 있으면 격음부호 [']를 쓴다.

예: 西安xian(서안) → xi'an, xian(先).

休安xiu'an(휴식하여 안정되었다) → xi'uan洗碗(그릇을 씻다).

站岗(보초 서다)zhangang → zhan'gang → zhang'ang(杖昻).

② 이상 a~d의 방법은 앞뒤 음절의 혼돈을 막기 위한 방법의 소부분이고 더욱 많이는 발음이 'u'인 대량의 병음자모를 'o'로 쓰는 것이다. 즉 au → ao, iau → iao, ung → ong, iung → iong 등이다. 한어에 o로 시작되는 음이 거의 없기 때문이다. 『현대한어사전現代漢語詞典』에 i로 시작하는 어휘의 편폭은 127페이지고 u로 시작하는 어휘의 편폭은 51페이지이다. 이에 반해 o로 시작하는 어휘의 편폭은 2페이지뿐이다. 그러므로 'o'를 앞 어휘의 종결음으로 보면 봤지 뒤 어휘의 시작음으로 보지 않게 된다.

예를 들어 '报案(사건을 보고하다)'을 만약 그의 발음대로 'bauan'이라 쓰면 'bau'an'인지 'ba'uan'인지 아리송하다. 그러나 'baoan'이라 쓰면 당연 'bao'an'이지 'ba'oan'이 아니다. 한어에 'oan'이라는 음이 없기 때문이다.

a. 到岸daoan/dauan → da'uan大灣, da'u'an大霧岸

b. 教案iaoan/jiauan → jia'u'an家無安, jia'uan家玩

c. 早安zaoan/zauan → za'uan雜碗, za'u'an雜無安

d. 保安baoan/bauan → ba'uan把碗, ba'u'an罷舞鞍

e. 褒揚baoiang/bauiang → bao'iang保養/bauiang
   → ba'ui'ang把圍央 ba'u'i'ang拔無秧

f. 褒義baoi/baui → ba'ui把圍 ba'u'i罷無衛

g. 轎安jiaoan → jiao'an焦安/jiauan
   → jiao'an焦安, ji'a'u'an擠阿無安 jia'u'an家無安

상기의 예문에서 보다시피 만약 'u'대신 'o'를 쓰면 'g'한 곳만 혼선이 올 가능성이 있지만 'a~f'에서는 이럴 가능성이 전혀 없다. 간단한 방법으로, 단지 자모 하나를 고쳐 쓰는 방법으로 엄청나게 좋은 효과를 본 셈이다.

3. 상기 오류는 한국인의 이미지를 추락

단지 오류를 범하는 정도가 아니다. '마우저둥'으로 읽어야 할 毛澤東을 '모오저둥'으로 읽기 때문에 듣는 사람에게 큰 거부감을 자아내게 하였으며 심지어 어떤 중국인은 발음 소리가 '역겹다'라고까지 평가한다. 한국은 세계에서 한어수준이 가장 높은 나라임에도 불구하고 이 한 가지 발음 때문에 한국인의 한어수준이 많이 실추되는 결과를 초래하였다.

필자는 많은 한국인에게 이 문제를 제기하며 발음을 고치라고 하였다. 필자의 말을 듣는 사람들은 '이는 문공부가 할 일이다. 우리에게 말해 쓸 데 없다'라고 한다. 필자는 그래서 많은 한국의 중문학 교수, 학자, 관료에게 한국 문공부 장관에게 이야기하여 이 문제를 해결해보라고 하였으나 지금까지 해결을 보지 못하고 있다. 지금까지 45년이 지났으니 1년에 열 번만 부탁했어도 450번이다. 문공부의 한 가지 규정 때문에 대한민국 국민의 한어 수준의 이미지가 엄중하게 실추되고 있으니 한탄할 일이다.

제 4 장

두음법칙 질의

지금 중국의 정보통신 분야에서 한글이 많이 취급되고 있는데 남과 북이 통일이 되지 않아 많이 고민하고 있다. 남과 북은 정치상의 통일은 잠시 못할지언정 언어와 문자표기의 통일만이라도 먼저 하면 얼마나 좋겠는가? 약 5~6년 전 중국 정보통신 분야의 조선어 담당 회장, 연변대학 현룡운玄龍云 교수를 한국에 파견한 적도 있다. 한국에는 이 분야를 관장하는 부서마저 없어 아무런 성과도 보지 못했다.

현재 언어표기상 통일되지 못하고 있는 것은 두음법칙, 띄어쓰기, 외래어사용 등 3가지 큰 문제점과 사잇소리, 한자사용 등 좀 작은 문제점도 있다. 가장 큰 문제점이 두음법칙이다. 이는 현재 우리말 맞춤법 통일의 가장 큰 문제라고 생각된다. 필자는 본문에서 두음법칙에 관해 논의해 보려고 한다.

두음법칙은 간단히 요약하여 말하면 단어 첫 음절의 초성 즉 두음의 'ㄴ'과 'ㄹ'이 연모음(ㅣ, ㅑ, ㅕ, ㅛ, ㅠ)과 결합될 때 발음하지 않고, 경모음(ㅏ, ㅓ, ㅗ, ㅜ, ㅡ)과 결합될 때 'ㄴ'는 본래대로 발음하고 'ㄹ'은 'ㄴ'으로 발음하는 법칙을 일컫는다. 만약 'ㅑ, ㅕ, ㅛ, ㅠ'를 연모음 'ㅣ'와 경모음 'ㅏ, ㅓ, ㅗ, ㅜ'가 결합된 복모음으로 볼 수 있다면 결국은 'ㄴ'과 'ㄹ'이 연모음 'ㅣ'와 결합의 법칙이다.

이는 현행 한국의 법칙이다. 북한은 'ㄴ', 'ㄹ'이 연모음과 결합되건, 경모음과 결합되던 모두 'ㄴ'와 'ㄹ'을 제대로 표기하고 또한 표기된 대로 읽는다.

1. 두음법칙은 구어口語 근거가 없는 법칙

필자는 1987년 처음으로 한국을 방문할 때 우연한 원인으로 서울대 국어교수이며 한국 국어연구원 원장인 안병희安秉禧 교수와 사귈수 있었다. 필자의 연구전공이 언어학이므로 안병희 교수와 만날때마다 우리말에 관해 이러저러한 질문도 많이 하였고 그러는 와중에 많은 것을 배우기도 하였다.

그때 안병희 교수와 절차탁마切磋琢磨한 화제 중에 두음법칙도 있었다.

필자 문問: "한국인들은 왜 '리승만李承晚'을 '이승만'이라고 하고 '뉴대紐帶'를 '유대'라고 합니까?"

안병희 교수 답答: "단어 첫 음절의 초성, 즉 두음 'ㄹ'과 'ㄴ' 뒤에 연모음이 올 때 북한 방언에서는 '리', '뉴' 등 발음이 나지만 서울사람들은 '리', '뉴' 등 발음이 나지 않습니다. 즉 '리', '뉴'라는 발음을할 줄 모른다고 할 수도 있겠지요. 그래서 서울말을 표준으로 하는 한국에서는 '리승만'을 '이승만', '뉴대'를 '유대'라 발음할 수밖에 없습니다. 쓰기도 '이승만', '유대'라 쓰고요."

필자 문: "서울 사람들은 왜 두음 '리', '뉴'를 발음할 수 없지요?"

안병희 교수 답: "서울 사람 구어口語의 어음체계에 두음 '리', '뉴'라는음이 없으므로 발음이 안 되는 것이지요."

위의 대화를 총화하면 'ㄴ'과 'ㄹ'이 연모음과 결합하는 두음이 서울말 구어에 없기 때문이다. 즉 한국의 두음법칙은 공연히 만들어낸 것이 아니라 서울사람의 구어 본연을 기초로 하여 제정한 것이라는 뜻이겠다.

그때부터 지금가지 이미 38여 년이란 시간이 흘렀다. 필자는 20여 년 동안 한국을 수없이 드나들었고 그 후 10여 년간 한국에 와서 정착하며 살고 있다. 그러는 와중에 안 바로는 한국인은 두음 'ㄴ'과 'ㄹ'을 아주 잘 발음한다.

　예: 'KBS 뉴스', '뉴질랜드', '뉴델리'…;

　　 '**축구 리그전', '블랙 리스트', '라디오', '라면', '롯데그룹'…;

　　 류사우치(劉少奇), 리테잉(李鐵應), 리커챵(李克强)….

이상은 영어 외래어, 외국인 고유명사이므로 할 수 없이 이렇게 표기한다 하겠지만 그렇게만 볼 것이 아니다. 외래어 및 외국 고유명사 중 우리말에 없는 'f'음을 일률 우리말 'ㅍ'로 표기한다. 그러면 상기 외국 지명, 인명의 두음 'ㄴ', 'ㄹ'도 서울말에 없으면 다른 무엇으로 표기해야 하지 않겠는가? 그런데 왜 'ㄴ', 'ㄹ'로 표기하는가?

더 황당한 것은 한국 사람 '버들 柳'씨의 '柳' 두음을 '류'로 쓰고 '류'로 발음한다. '柳'씨 종친의 요구에 따라 '류'로 쓰고 '류'로 발음한다는 것이다. 이 '류'씨 성을 5천만 한국인이 일률 '류'라 발음하며 북한 사람 못지않게 잘 발음하고 있다.

만약 '李, 梁, 呂, 羅, 魯, 劉, 林' 등 씨의 종친들이 우리의 성씨도 '리, 량, 려, 라, 로, 류, 림'으로 쓰고 그렇게 불러달라고 요구하면 역시 그렇게 할 수 있지 않겠는가? 이는 서울사람이 두음 'ㄹ'을 두음 그대로 잘 발음하면서도 허위적으로 '발음이 잘 안 된다', '할 줄 모른다'며 두음법칙을 공공연히 내놓은 꼴이 된다.

결론은 서울 구어 두음에 'ㄴ'과 'ㄹ' 등 두음이 없다는 것은 어불성설이다. 두음법칙은 구어 존재의 근거가 없어지는 셈이다.

2. 두음법칙은 허점이 많은 법칙

한국인의 언어생활을 보면 '두음법칙'을 벗어나는 예외가 너무나 많다. 심지어 한국의 공식 출판물도 마찬가지이다.

1) 두음법칙에 어긋나는 초성 'ㄴ'의 고유어들[14)]

냠냠: 음식을 맛있게 먹는다는 데 쓰는 부사: '냠냠 맛있다'.

녀석: 사람을 비하하는 명사: '나쁜 녀석'.

년: 여자를 비하하는 명사: '이 년, 저 년'.

뉴똥: 견絹섬유로 짠 옷감을 일컫는 명사.

---

14) 이하 리희승 편저, 『국어대사전』(민중서림, 1961년 출판, 1981년 12월 32쇄)에서 발췌한 것임.

님: 토막친 실을 세는 양사: '한 님', '다섯 님'.

닢: 납작한 물건을 세는 양사: '동전 한 닢'.

2) 두음법칙을 준수하지 않는 한자어들[15)

a. 열/렬: 卑劣비열렬 鄙劣비열렬 車裂차열렬 陳列진열렬
　　　齒列치열렬 熾烈치열렬 低劣저열렬 隊列대열렬
　　　分裂분열렬 分列분열렬 龜裂균열렬 排列배열렬
　　　破裂파열렬 前列전열렬 數列수열렬 系列계열렬
　　　先烈선열렬 序列서열렬 優劣우열렬 陣列진열렬
　　　治劣치열렬 震裂진열렬 痔裂치열렬

　 율/률: 倍率배율률 比率비율률 扁率편율률 詞律사율률
　　　二律이율률 高率고율률 規律규율률 換率환율률
　　　紀律기율률 戒律계율률 軍律군율률 六律육률
　　　排律배율률 詩律시율률 收率수율률 旋律선율률
　　　禪律선율률 圓周率원주율률 韻律운율률
　　　戰慄전율률 震慄진율률 自律자율률

　 연/련: 大聯合대연련합 戀戀연련 三連覇삼연련패
　　　三連音符삼연련음부 失戀실연련

　 역/력: 大力士대역력사 靜力學정역력학 熱力學열역력학

---

15) 이하 고려대학교 민족문화연구원·중국한어대사전 편찬실 편저, 『중한사전中韓辭典』(고려대학교 민족문화연구원, 1989년 10월 25일 출판, 2004년 4월 30일 수정판)에서 발췌한 것임.

예/례: 舊禮敎구예례교

유/류: 銃榴彈총-유류탄

인/린: 亞燐酸아인린산

연/년: 藥碾약연년

나/라: 赤裸裸적나라라

논/론: 篤論독논론

란/난: 論難논란난

b. 냥/양: 兩냥양: 돈을 세는 양사: '돈 한 냥양'.

년/연: 年년연: 햇수를 세는 양사: '일 년(一年)연', '이 년(二年)연'.

라/나: 喇嘛敎라나마교: 중국 티베트 불교의 명칭.

량/양: 輛량양: 차량의 수를 셀 때 쓰는 양사: '기차 30량양'.

리/이: 里리이: 거리를 세는 양사: '10리이'.

　　　　농촌의 행정단위: '리이장'.

　상기 예문 중 a는 두음이 아닌 글들이므로 마땅히 □를 가한 글자처럼 표기하고 그대로 읽어야 두음법칙을 준수하는 것이다. b는 두음을 두음법칙에 위배되게 표기한 것들이므로 역시 □를 가한 글자처럼 표기하고 읽어야 맞다.

　'ㄹ'두음은 100% 한자음이고 'ㄴ'두음도 개별적인 것을 제외하고 모두 한자음이다. 이 한자음이 몇 천 년 전부터 우리말에 스며들어 우리의 어음으로 정착되었다. 단 북한 방언이 한국 방언보다 정착 정도가 좀 더 강할 수는 있다. 즉 북한 사람이 한국 사람보다 'ㄴ'과 'ㄹ' 두음을 좀 더 잘, 좀 더 자연스럽게 발음할 수는 있다. 그러나 이는 양적인 차별이지 질적으로는 북한 사람이건 한국 사람이건 모두 두음을 발음할 줄 안다.

3. 두음법칙은 법칙이 아닌 법칙

위의 예는 모두 한국의 공식 출판물─이희승 편저 『국어대사전』, 고려대 편저 『중한사전(中韓辭典)』에서 발췌한 것들이다. 일반 한국인들의 언어 사용을 보면 위에 열거한 것보다 더욱 혼란스러우며 같은 두음도 사람에 따라 다 같지 않다. 이 두음법칙이 한국인의 언어 생활에서 진짜 법칙의 기능을 하고 있는지 의문이 갈 정도이다.

위의 예문을 보면 두음이 아닌 '렬', '률'을 두음처럼 '열', '율'로 표기하고 읽는 것이 꾀나 많다. 그렇다면 무릇 "렬", "률"로 읽는 두음이 아닌 한자를 모두 "열", "율"로 표기하고 읽으면 될 것이 아닌가라고 인식될 가능성이 있다. 이는 큰 오해이다. '렬', '률'로 읽는 한자어를 두음이 아닌데서 '열', '율'로만 표기, 음독하는 것이 아니라 '렬', '률'로도 표기 음독한다. 아래의 례를 보자.16)

激烈격렬 强烈강렬 熱烈열렬 直列직렬 職列직렬 忠烈충렬 壯烈장렬 拙劣졸렬…

工率공률 確率확률 曲率곡률 聲律성률 使用率사용률 刑律형률 音律

---

16) 각주 6)과 같은 데서 발췌하였음.

음률…

두음이 아닌 것을 어떤 때는 '열', '율'로 표기, 음독하고 어떤
때는 '렬', '률'로 표기, 음독한다. 규율성이 없다. 상기의 예문에는
두음법칙 외에 예외 세칙에 따른 것도 있겠지만, 세칙이 너무 번잡
하므로 그를 장악하고 쓰기가 쉬운 일이 아니다.
한국인 성명을 표기할 때도 두음법칙을 준수하지 않으며 혼란
스럽다.

① 吳世烈/오세열렬 金在烈/김재열렬
　李烈欣/이열렬흔 朴相烈/박상열렬
② 李七龍/이칠용룡 李龍煥/이용룡환
　李今龍/이금용룡 邊龍植/변용룡식
③ 朴良淑/박양량숙 金亮洙/김양량수
④ 金鳳蓮/김봉연련
⑤ 權寧峯/권영녕봉 權寧植/권영녕식
⑥ 柳佑燦/유류우찬
⑦ 梁佳慧/량양가혜

이상은 모두 필자가 한국인으로부터 받은 명함에서 발췌한 예의
일부이다. 상기 례에서 ①은 마땅히 '렬'로 표기할 것을 '열'로 표기
한 것이고, ②는 '룡'으로 표기할 것을 '용'으로 표기한 것이며, ③은
량으로 표기할 것을 '양'으로 표기한 것이고 ④는 '련'으로 표기할

것을 '연'으로 표기한 것이며, ⑤는 '녕'으로 표기할 것을 '영'으로
표기한 것이다.

⑥은 '柳'씨를 '류'씨로 표기하기로 되어 있는데도 불구하고 개별
적인 '柳'씨가 '유'씨로 표기한 예이며, ⑦은 '梁'씨를 '양'씨로 표기
하여야 하는데 개별적인 '梁'씨가 '량'씨로 표기한 례이다.

그러므로 한국인으로부터 한자로 된 명함을 받았을 때 두음을
어떻게 읽어야 할지 망설이게 된다. 필자는 어떤 때는 염치를 무릅
쓰고 당사자에게 어떻게 읽는가를 물어보기도 한다.

한국 방송국에서는 북한사람 이름은 두음법칙을 준수하지 않고
'리영철', '리길선', '리영길' 등으로 표기하고 또한 그렇게 읽는다.
그러나 중국 조선족의 성명을 표기할 때는 두음법칙을 엄격히 준수
한다. 북한사람은 엄격히 말하면 대한민국 국민(대한민국의 북방)인
데도 두음법칙을 어기고, 중국 조선족은 외국인인데도 두음법칙을
철저히 관철시키는 정책이 아주 우습다.

옛 관직에 '문하시랑門下侍郎'이라는 관명이 있다. '郎'을 한자로 어
떻게 쓰는지 몰라 문의하려면 "'문하시랑'이라는 '낭'자를 어떻게
쓰는가?"라고 문의하여야 한다. '랑'자를 문의하는지 '낭'자를 문의
하는지 헷갈린다. "'선량善良'의 '양'자를 어떻게 쓰는가"라고 문의해
도 '량'을 문의하는지, '양'을 문의하는지 마찬가지로 헷갈린다.

법칙이라 하면 그 법칙의 적용 범위 안에서 엄격히 준수하여야
법칙이지 준수하지 않는 현상이 보편적이면 법칙이라고 발할 수
없다.

상기의 a, b, c를 종합하면 두음법칙은 법칙이 아닌 '법칙'이다.

필자의 아직 성숙되지 않은 견해로는 한국에서 두음을 북한처럼 일단 'ㄴ'과 'ㄹ'을 그대로 표기하고 읽기는 각자 내키는 대로 읽다가 일정한 시기가 지난 후 일률 두음 그대로 읽어야 바람직하다고 본다. 아니, 일정한 시기가 지나면 자연적으로 두음 자모 그대로 읽는 것으로 변할 것이다.

4. 두음법칙과 퍼우님 문제

필자와 안병희 교수 간의 대화에는 아래와 같은 내용도 있었다.

필자 왈: "서울 사람들이 두음 'ㄴ-', 'ㄹ-'을 발음할 줄 모르는 것이 아니더군요. 특히 외래어의 두음 'ㄴ-', 'ㄹ-'은 곧잘 발음하던데요."

안병희 교수 답: "그렇습니다. 그건 외래어니까 그대로 발음하지요."

필자 왈: "외래어에 쓰는 두음 'ㄹ-', 'ㄴ-'을 우리말에 옮겨오면 될 것 아닙니까. 외국어를 모르는 사람에게는 '리', '뉴' 등의 발음을 배워주고 훈련시키면 될 것이고요."

안병희 교수 답: "물론 발음할 줄 알게 가르칠 수는 있지만 그렇게 하면 안 됩니다. 우리말 어음체계가 파괴되고 우리말의 순결성을 상실하게 되지요. 그러면 우리말이 '혼혈아'처럼 난잡해지지 않겠습니까?"

안병희 교수의 이 말씀은 얼핏 듣기에는 그럴 듯하지만 한어발달사와 우리말 발달사를 면밀히 고증해보면 성립될 수 없는 말씀이다.

1) 우리말의 -k, -t, -p받침 퍼우님

원래 우리말에는 파열음 받침 -k, -t, -p받침 퍼우님(phoneme: 音位)이 없었다. 한어의 영향을 받아 파열음 받침 퍼우님이 생긴 것이다. 한어『절운切韻』계통의『광운廣韻』,『집운集韻』등 운서韻書에는 파열음 받침의 운이 많은바 그를 아래에 열거한다.[17]

옥屋 옥沃 촉燭 각覺 약藥 탁鐸 맥陌 맥麥 석昔 석錫 직職 덕德, 질質 술術 절節 물物 흘迄 월月 몰沒 갈曷 말末 할黠 할轄 설屑 설薛, 집緝 합合 합盍 엽葉 첩帖 흡洽 압狎 업業 핍乏

'-ㄱ'받침이 12가지, '-ㄷ'받침이 13가지, '-ㅂ'받침이 9가지, 모두 34가지가 파열음 받침의 입성운入聲韻들이다. 우리말에 원래 '-ㄱ', '-ㄷ', '-ㅂ'받침이 없던 것이 이 34가지 입성운 한자를 도입함에 따라 새로이 생겨난 것이다. 단 '-ㄷ'받침이 한국어에 도입될 때 '-ㄹ'받침으로 와전되었었다. 이런 한자음이 보편화됨에 따라

---

17) 왕력王力,『한어사고漢語史稿』(중화서국, 1980년 6월 신1판, 1996년 10월 제3차 인쇄), 51~53쪽에서 발췌하였음.

일부 고유어에도 파열음 받침이 생겼다. 이 34가지 입성운이 한국어에 입수됨에 따라 아래와 같이 176가지 한자어 음절이 새로이 생겨났다.

각各 갈葛 갑甲 객客 갹噱 걸傑 겁劫 격格 결結 겹挾 곡谷 골骨 곽郭
괄括 괵馘 국國 굴屈 궐闕 귤橘 극極 글契 급給 길吉 끽喫 낙諾 날捺
납納 넉怒 널篞 넙敜 눌訥 뉵衄 닉匿 닐昵 달達 답答 택宅 덕德 독獨
돌突 득得 락落 랄辣 랍拉 략略 력力 렬列 렵獵 록錄 륙六 률律 륵勒
립立 막莫 말末 맥脈 멱覓 멸滅 목木 몰沒 묵默 물物 밀密 박朴 발發
백白 벌伐 법法 벽壁 별別 복福 북北 불不 삭朔 살殺 삽揷 색色 석石
설設 섭涉 속速 솔率 숙淑 술術 슬瑟 습習 식植 실實 십十 악惡 알謁
압壓 액額 약藥 억億 얼蘖 업業 에患 역易 열熱 엽葉 옥玉 올兀 왈曰
욕欲 욱旭 울蔚 월月 육育 율聿 을乙 읍邑 익益 일一 입入 작作 잘嘯
헌 잡雜 적積 절節 접接 족族 졸卒 죽竹 줄崒 즉卽 즐櫛 즙汁 직直
질質 집集 착着 찰察 책冊 척尺 철哲 첩妾 촉促 촬撮 축祝 출出 측側
칙則 칠七 칩蟄 탁卓 탈脫 탑塔 택宅 특特 팔八 퍅愎 폭瀑 픽腷 필必
핍逼 학學 할轄 합合 핵核 헐歇 혁革 혈血 협協 혹或 홀忽 확確 활活
획劃 홱欻 휼恤 흑黑 흘屹 흡吸 힐詰18)

---

18) 두산동아 사전편찬실, 『동아 백년옥편』, 두산동아, 1997, 2306~2432쪽.

2) 거센소리 'ㅊ, ㅋ, ㅌ, ㅍ' 퍼우님

원래 우리말에 거센소리 'ㅊ, ㅋ, ㅌ, ㅍ'이 없다가 후세에 새로이 생겼다. a. 한자를 도입함에 따라 생겼을 수도 있고, b. 우리말 자체의 변화발전에 의해 생김과 동시에 한자의 영향을 받아 그 변화발전이 촉진되었을 수도 있다.

위 1)~2)의 내용을 총화하면 우리말에 없던 파열음 받침 -ㄱ, -ㄷ, -ㅂ 퍼우님이 한어의 입수로 인하여 새로이 생겨 그에 따른 176개의 음절이 많아졌고, 우리말에 없던 거센소리 'ㅊ, ㅋ, ㅌ, ㅍ'의 퍼우님이 한어의 영향을 받아 생겼을 가능성이 있다.

안병희 교수의 말대라면 '우리말 어음체계가 파괴'되고 '우리말의 순결성을 상실'하였으며 '우리말이 혼혈아 언어처럼 난잡해짐'을 감내하며 위와 같은 한어 어음의 퍼우님들을 대량으로 받아들인 셈이다.

몇 천 년에 거쳐 한어의 다른 포님들은 실컷 받아들이다가 유독 두음 'ㄴ', 'ㄹ'은 받아들일 수 없다? 말도 안 된다. 접촉한 지 100~200년 몇 밖에 안 되는 영어 등 외래어의 두음 'ㄴ', 'ㄹ'은 기꺼이 받아들이며 몇 천 년 간 써오던 한자어 두음 'ㄴ', 'ㄹ'은 받아들일 수 없다? 역시 말도 안 된다.

한어의 영향을 받아 이렇듯 많은 어음 퍼우님을 우리말에 정착시킨 것은 우리말의 퍼우님을 다양화했고 우리말의 어음을 풍부히 했으며 우리말의 표현력을 다채롭게 하였다. 세계 각 민족의 언어든 모두 이렇게 서로 영향을 받아 변화 발전하여 왔다. 우리말의 어음 체계를 파괴하고 순결성을 상실시켰으며 우리말을 혼혈아 언어처럼 난잡하게 만든 것이 절대 아니다.

3) 두음법칙과 한자어 음절수의 관계

한자의 숫자는 얼마인가? 『강희자전康熙字典』에는 46,933자, 『중화대자전中華大字典』에는 60,370자를 수록하였다. 서로 다른 글자로 기재되었지만 사실은 같은 글자의 고금자古今字, 이체자異體字가 많으며 이들을 한데 합치면 한자는 약 3만여 자밖에 안 된다. 자주 사용되는 한자는 문체에 따라 많을 수도, 적을 수도 있지만 웬만한 인문학자라면 8천자 정도의 한자와 부딪치게 된다.

고대한어는 단음절 어휘가 위주이다. 고대 한어 어음체계의 음절수는 매우 많았다. 『절운切韻』어음체계를 대표 하는『광운廣韻』, 『집운集韻』운서의 음절수는 3,800여 가지나 되며 이는 당시의 단음절 어휘 위주의 언어에 적응한 셈이다. 8천 개 한자를 3,800여 가지 음절로 분류하면 한개 음절당 평균 2.1자이다.

그런데 알타이어 계통 북방민족의 대거 남침으로 북방한어 어음체계가 개봉开封-남경南京-북경北京을 서로 연결한 삼각형 지역의 근대-현대 한어로 변화하며 음절수가 급속히 줄어들어 마침내 지금의 1,341가지로 되었다.

이에 적응하여 한 개 단어의 음절수도 1개 위주로부터 2~4개로 늘어 1,341가지의 적은 음절수와 다소 적응되기는 하였다. 그러나 여전히 음절수는 적고 한자는 많으므로 동성이의同聲異意의 단어 때문에 많은 불편을 느낀다. 그러나 우리말 한자어는 436가지의 음절로 한문을 읽어야하며 한문 고서 단어의 음절수가 길어지지도 않았다. 한문 문서를 한자어 음으로 읽으면 뜻 전달의 효율이 아주 미약하다.

8천자를 한어의 1,341가지 소리로 읽으면 마치 8천 가지 물품을 한 그릇에 6가지씩 담고 그중에서 자기가 가지고자 하는 물품을 고르는 격이고, 한자어 음으로 읽으면 8천 가지 물품을 한 그릇에 18가지씩 담고 그중에서 자기가 가지고자 하는 물품을 고르는 격이다. 한어 어음으로 읽어도 뜻이 헛갈려 불편한데 한자어 음으로 읽으면 의미 식별 능력이 아주 약해진다.

필자가 한국 한문학자들에게 당唐 이신李紳의 시 「민농이수憫農二首」와 당唐 리백李白의 시 「정야사靜夜思」를 한글로 읽었는데 무슨 뜻인지 잘 알지 못함을 발견하였다. 중국의 초등학생, 심지어 유치원생에게 읽어주어도 대부분 그 뜻을 대충 알아맞출 수 있는데 말이다.

8천자를 436가지 음으로 읽기 때문, 즉 18가지 물건을 한 그릇에 넣고 그 중에서 자기가 수요 되는 한 가지를 골라야 하기 때문이다. 방법과 수단을 다 하여 한자어 음절수를 늘이는 것이 우리말 한문 기능 개선의 절실한 과제이다. 두음법칙을 없애는 것이 마침내 이 과제 해결의 중요한 일환으로 될 수도 있겠다.

한국에서 출판된 두음법칙 때문에 줄어든 우리말 사전 중 'ㄴ-', 'ㄹ-'의 음절을 보자.19)

---

19) 1997년 1월 두산 동아에서 편집한 『동아 백년옥편』에 의하여 정리한 것임.

ㄴ-: 逷냑/약 釀냥/양 女녀/여 怒녁/역 年년/연 涅녈/열 念념/염 敜녑
/엽 寧녕/영 襧녜/예 尿뇨/요 紐뉴/유 惡뉵/육 瀰니/이 匿닉/익
曬닐/일 恁님/임 17개

ㄹ-: 羅라/나 樂락/낙 蘭란/난 辣랄/날 藍람/남 拉랍/납 浪랑/낭 來래
/내 冷랭/냉 略략/약 良량/양 旅려/여 力력/역 連련/연 烈렬/열
廉렴/염 獵렵/엽 令령/영 禮례/예 勞로/노 祿록/녹 論론/논 硉롤/
놀 雷뢰/뇌 料료/요 龍룡/용 樓루/누 流류/유 陸륙/육 倫륜/윤
律률/율 隆륭/융 肋륵/늑 凜름/늠 陵룽/능 李리/이 隣린/인 林림/
임 立립/입 39개

ㄴ- 17개, ㄹ- 39개, 두 가지를 합치면 56가지가 줄었다. 만약
이 56가지가 줄지 않으면 한자어 음절이 492가지로 불어난다. 이에
따르는 글자 수의 증가는 수백을 헤아릴 수 있을 것이다. 56가지는
적은 숫자이지만 436에 비기면 상대적으로 적은 숫자가 아니다.
12.8%가 불어난 셈이다. 즉 한 그릇에 담은 물품이 18가지로부터
16.26가지로 줄어드는 셈이다.

즉 두음법칙이 없는 북한의 표기법이 한국의 표기법보다 한문
의미의 식별능력이 12.8% 우세이다. 례를 들어 성이 '유'씨라고 하
면, 두음 법칙 하에서는 '柳, 劉, 兪' 세 가지로 헛갈리지만 두음법칙
이 없으면 '兪'씨 하나로 확정지을 수 있다. '이사'라 하면 두음법칙
하에서는 '移徙, 理事' 중 어느 것인지 헛갈리지만 '리사'라 하면
'理事' 한가지로 확정지을 수 있다. '양'씨 하면 '梁', '楊' 두 가지로
헛갈리지만 두음법칙이 없으면 '楊'으로 확정지을 수 있다.

한국에서 이런 장면에 종종 목격하게 된다. 어느 누구가 '이사'라고 소개하니 '무슨 병을 치료하는 의사인가?' 되묻는다. '병을 치료하는 의사가 아니라 어느 어느 회사의 이사다'라고 답하여 의문을 해소시킨다. 농촌의 이장은 아예 두음을 발음하여 '리장'이라 자기소개를 한다.

이만해도 큰 성과라고 할 수 있겠다. 이런 의미로 보아도 두음법칙을 없애는 것이 절실하다고 본다.

제 5 장

한자어 한자 관계어 산책

　삼세 동거의 한자음 체계: 한자어 한자 관계어 연구

1. 짐승

한국어로 '짐승'은 네발로 기어 다니는 동물을 뜻하며 '중생'은 사람을 포함하는 생명이 있는 모든 것을 의미한다. '짐승'은 고유어이고 '중생'은 '衆生'에서 온 한자어이다. 그러나 필자는 '짐승' 역시 한자 '衆生'에서 온 단어라는 사실을 밝히고자 한다.

'衆生' 두자를 현대 한어에서는 '중생'으로 발음하지만 약 1천여 년 전인 중고 한어에서는 '듕싱[t͡ĭwəŋʃen]'처럼 발음했다. '듕'이 구개음화 하여 '즁'으로 됐다가 '즁'이 언어 간략화의 원칙에 의하여 '중'으로 됐다. '싱'은 모음 'ㆍ'가 소실되며 '생'으로 됐다. 한자어 '중생'이 '衆生'의 중고 한어음임은 말할 나위도 없다.

그러나 더 거슬러 올라가 약 2천여 년 전의 상고 한어에서는 '衆生'을 [t͡ĭwəmʃen], '뎀셍'처럼 발음했다. '뎀셍' 역시 구개음화 등 변화를 거쳐 우리말 고유어 '짐승'으로 됐다. 먼 옛날 우리 조상이 한자 '衆生'을 '짐승'이라 하다가 고려 때 당시 한어의 음에 맞추어 '중생'이라 규범했을 것이다. '중생'이 규범 음으로 된 후 '짐승'이 사라졌으면 그뿐이겠지만 사라지지 않았다. 주요 원인은 '짐승'과 '중생'이 발음상으로 차이가 크기 때문일 것이다.

뜻이 완전히 같은 두 개의 단어가 장기간 병존하기는 힘들고, 대개 그중 하나가 사라지거나 그렇지 않으면 서로 의미 분담을 하게 된다. '짐승'과 '중생'의 경우 '짐승'은 네발로 기어 다니는 동물, '중생'은 사람을 망라한 모든 생명이 있는 것들을 의미하게 됐을 것이다.

위의 '衆生'에서 보다시피 한어 상고 음과 후세 음 사이의 변화가 큰 글자에 해당하는 한자어는 두 가지가 있었을 가능성이 있다. 그중 상고 음에 해당하는 한자어는 사라졌거나 아니면 고유어에 스며들었을 것이다. '衆生'처럼 -ㅁ받침이다가 -ㅇ받침으로 변한 한자는 상고의 침부侵部에 속하는 글자들인데 '中忠衷冬終充宗崇蟲 融戎嵩宋農隆躬窮宮' 등과 이들을 음변으로 하는 글들이다.[20] 이런 글자에 해당되는 -ㅁ받침의 한자어가 고유어에 많이 스며들었을 것으로 보인다.

한국의 어느 유능한 국어학 학자께서 상기의 침부에 속하는 글자 중에서 우리말 고유어를 발굴해 냈으면 하는 바람이다.

2. 蟲, 戎夷, 躬

위 문장에서 상고 침부에 해당하는 '中忠衷冬終充宗崇蟲融戎嵩 宋農隆躬窮宮'에 우리말 고유어가 잠재해 있을 것이라고 하였는데 필자의 재주로는 이 중 '蟲戎躬' 세 글자가 우리말의 고유어에 스며 들어 있을 것 같다.

'蟲'의 상고 한어음은 '덤[dǐwəm]'이다. 이것이 어음변화를 거쳐 '덤→점→좀→좀'으로 되었을 것이다. '蟲'의 중고 한어음은 [dʑiuŋ →tɕʰiuŋ]으로 한자음 '둥→튱→츙→충'으로 됐다. '벌레'의 의미

---

20) 이상은 북경대학 王力 교수가 편집한 『고대한어古代漢語』에 수록된 것이다.

를 담당하는 단어가 '좀'과 '충' 두 가지이니 '좀'은 '쌀 좀', '나무 좀'처럼 더 작은 벌레를 일컫고 '충'은 일반 벌레를 일컫는 것으로 의미 분공을 한 셈이다.

다음은 '좀되다', '좀스럽다'처럼 적(작)은 것을 의미하는 형용사로 됐다. 뿐만 아니라 이 형용사를 형태소로 하는 '좀벌레', '좀개미붙이', '좀거위', '좀긴썩덩벌레', '좀깽깽매미' 등 많은 명사를 배출시켰다.

'戎'은 중국 서쪽 변두리에 사는 소수민족을 비하하여 '戎, 西戎'이라 불렀다. '戎'은 상고 한어로 '념[n̠iwəm]'으로 읽었다. 원래 한어는 'r'으로 읽는 성모가 없다가 혓바닥 튀김 비음 n̠가 후세에 'r'로 변하였다.

『후한서後漢書·동이열전』에 '夷者, 柢也'라는 기록이 있다. 그러면 '柢'자를 어떻게 읽는가? 〈광운廣韻〉에서 찾아보면 '柢'자는 '都禮切' 또는 '都計切, 都奚切'로 읽는다고 하였으니 '뎨'로 읽는다.

『훈몽자회』제1책 5수목에 '黃'라는 글자가 있는데 그의 음은 '뎨'이다. 이것으로 알 수 있는 것이 한자 '夷'의 상고 한어음은 '뎨[diei]'이다. 고대에 동방소수민족을 비하하여 '夷, 東夷'라 하였다. 동서방 소수민족을 통틀어 비하하여 '夷戎'이라 하였는데 '夷戎'의 상고 한어음은 '뎨념'이다. 이것이 오늘날 우리가 자주 쓰는 말 '되놈'의 어원이다.

'궁躬'은 신체, 즉 몸이라는 뜻인데, 상고 한어음은 '겸[kwĩəm]'처럼 읽었다. 한국어 고유어에 '오금'이라는 단어가 있는데 신체의 작은 부위─무릎의 구부러지는 안쪽을 일컫는다. 아마 한자 '五躬'

에서 왔을 것이다. '금'이 온몸을 일컬으므로 '오금'은 몸의 일부분을 일컫는 것으로 의미 분공을 한 셈이겠다.

3. '섣, 설, 살' 그리고 '세'

'섣달(일 년의 마지막 달)', '설날(일 년의 첫 날)', '다섯 살', '만세(萬歲)' 이 네 마디 말에서 '섣', '설', '살'은 고유어이고 '세'는 한자어임은 주지하는 바이다. 사실은 '세'뿐만 아니라 '섣', '설', '살' 역시 한자 '歲'에서 기원된 말이다.

'歲'는 약 3~7세기인 중고中古 한어에서는 [sĭwɛi]로 발음했다. 이 음은 현대 한어음 'suì' 및 지금 쓰이고 있는 한자어음 "세"와 맞물린다. 그러나 더 거슬러 올라 약 2천 년 전의 상고上古 한어에서는 '歲'를 [sĭwet(섿)]으로 발음했다.

그 증거로 『시경詩經·대아大雅·생민生民』의 '載燔載烈, 以興嗣歲' 구절을 예로 들 수 있다. 중국 시가詩歌는 압운壓韻을 엄격히 요구하는데, 압운은 앞뒤 시구의 마지막 글자의 중성과 종성이 같거나 비슷하여야 한다. 2~3천 년 전의 『시경』도 예외가 아니다. 여기에서 '烈'자를 [lĭet(렫)]으로 발음하기 때문에 '歲'자도 [sĭwat(섿)]으로 발음했다. 뿐만 아니라 중고 한어에서 받침이 없는 제운祭韻, 태운泰韻, 쾌운夬韻, 폐운廢韻 네 운은 상고 한어에서 '-ㄷ' 받침이 있던 데로부터 없어진 것이다.

이 음이 한국어에 차용되어 '섿→세'로 읽어졌을 것이다. 그러나 고대 한국 사람들은 '-ㄷ' 받침을 잘 발음하지 못해서인지 후세에 점점 '-ㄹ' 받침으로 고쳐 발음하였으며 한자어의 규범 음에서는 아예 모든 '-ㄷ'받침을 '-ㄹ'받침으로 고착시켜 버렸다. 이를테면 葛(갇→갈), 訥(눈→눌). 達(닫→달), 辣(랃→랄), 末(맏→말), 拔(받→발), 殺(산→살), 謁(안→알), 節(젇→절), 察(찯→찰), 脫(탇→탈), 八(팓→팔), 割(핟→할) 등이 그 예이다.

이렇게 보면 '歲'를 '섣 → 설'로 읽었을 것이다. 사실 상고 한국어에 파열음 받침이 없었다. '섣'을 '서디'로 발음하고 '서디'가 '서리'로 변했다가 '설'로 됐고 후세에 '서디'가 다시 합쳐져 '섣'으로 되었을 가능성도 있다. 후세에 한어에서 '歲'를 '섣'으로 읽지 않고 '세'로 읽으니 '歲'자의 음을 다시 '세'로 규범해 버렸으나 '섣'과 '설'이 죽지 않았다. 그러므로 우리말에서 한자 '歲'와 관계되는 음은 '섣', '설' 및 '세' 세 가지가 있다. 단 의미상 서로 역할을 분담하였을 뿐이다. 결과 '섣'으로 일 년의 마지막 달을 표시했으며 '설'로 일 년의 첫날과 나이를 표시했고 '세'를 쌍 음절 이상의 한자어로 썼다.

일 년의 첫날에 나이를 먹으므로 '설'로 나이를 표시하는 것은 자연스러운 일이다. 중세문헌 『삼강행실도三綱行實圖』의 '두설 디내디 아니ᄒᆞ야(두 살 지내지 아니해야)', 『월인석보月印釋譜』의 '그 아기 닐굽설 머거(그 아이 일곱 살 먹어)'에서 보다시피 그때는 나이를 일컫는 '살'을 '설'이라 했었다. 나이를 헤아리는 '설'이 한해의 첫날인 '설'과 뜻이 좀 다르다고 생각되어서인지 지금은 '살'로 변경시켜 쓴다. 필자의 한국어 발달사 지식이나 한국 문헌에 관한 지식이 깊지 못하므로 언제부터 변경되었는지 본문에서 다루지 못하는 것이 유감이다.

이렇게 보면 '歲' 한 글자에 스며 있는 우리말은 상고 한어의 음과 중고 한어의 음 두 세대가 동거하는 셈이다.

4. 질, 짓

고대한어에서 '疾'은 작은 탈을, '病'은 큰 탈을 일컫는다. 중국 고대문헌에 '질이 더 중해지면 병이라 한다(疾甚曰病)'는 주석문이 있는가 하면『說文解字』에도 '病'을 '질이 중해진 것(疾加)'이라 해석하였다.

한자어에서도 '질疾'은 작은 탈, '병病'은 큰 탈을 일컫는다. 이를테면 큰 탈 '문둥병', '폐병', '정신병' 등을 절대 '문둥질', '폐질', '정신질'이라 하지 않았으며 따라서 작은 탈 '치질痔疾', '간질癎疾', '구역질嘔逆疾' 등을 절대 '치병痔病', '간병癎病', '구역병嘔逆病'이라 하지 않는다. 신체장애자를 '병신病身'이라 하지 '질신疾身'이라 하지 않는다. 이것은 아마 우리 민족은 옛날 신체장애자는 그 장애가 작을지언정 큰 탈로 보았다는 의미겠다.

고대한어에서 '疾'은 '생리, 육체상의 탈'의 뜻으로부터 '행위, 도덕상의 흠'으로 의미를 확장해 썼다.『맹자孟子·양혜왕하梁惠王下』: "寡人有疾, 寡人好勇"; "寡人有疾, 寡人好貨"; "寡人有疾, 寡人好色" 중의 '疾'은 모두 '행위상, 도덕상의 흠'을 말한다. 한자어에서 '질'의 '행위, 도덕상의 흠'이라는 용법은 한어보다 더욱 보편적이다. 이를테면 '도적질', '오입질', '쌍소리질', '욕질', '싸움질' 등은 큰 흠이다. '이간離間질', '고자질', '흉질', '삿대질', '손가락질', '잔소리질', '광대질', '주먹질' 등은 작은 흠이다.

자질구레한 행위도 이에 포함된다: '태질', '트림질', '하품질' 등이다. 심지어 흠이 아닐지라도 그 행위를 높이 말하지 않을 때 '질'을 쓸 수 있다. 예를 들면 '새김질', '빨래질', '대패질', '선생질', '다림질', '낚시질', '칼질', '찜질' 등이다.

'疾'은 고대한어에서 상고 한어 [dzĭet], 중고 한어 [dzet]로 읽는다. 이 두 가지 음은 한국어로 '짇/짓'으로 읽는다. 그러면 고유어 '짓'도 '疾'과 관련이 있을 듯하다. 『논어論語·양화陽貨』: "古者民有三疾, 今也或是之亡也(옛날 사람에게는 세 가지 짓[질]이 있었으나 지금은 없어진 듯하다)." 이 예문의 '짓(疾)'은 한국어의 '나쁜 짓', '엉큼한 짓', '엉뚱한 짓', '손짓', '발짓' 등의 용법과 유사한 듯하다. 어쨌든 우리말에서 '질'이건 '짓'이건 다 좋은 행위, 높이 말하는 행위에 쓰지 않는다. 고작해야 '노릇'에 불과하다. 그러므로 한자 '疾'과 연결시키는 데는 무리가 없겠다.

고대한어에서 '疾'과 '病'의 이런 차이점은 그리 분명치 않았으며 선진先秦 문헌에 이미 헛갈려 썼다. 아마 선진 초기 또는 상나라 때 '病'과 '疾'을 엄격히 구분해 쓰다가 선진 중기부터 헛갈린 듯하다.

흥미로운 일은 선진 한어에서 '病'과 '疾'의 구분이 흐린데도 불구하고 한자어에서는 이런 구분이 엄격하다는 것이다. 이는 우리민족이 선진 이전에 이미 한자문화와 깊숙이 관여되어 있었다는 점을 보여준다. 필자가 주장하는, 상나라를 세운 동이민족이 우리민족이 주체이며 우리민족이 한자를 만들어 썼다는 증거의 한 단면이 될지도 모른다.

5. 지리산

한국의 지명 '智異山'을 한자어 발음대로 읽으면 '지이산'이어야 맞는데 왜 '지리산'으로 읽는가? 지금까지 정확하게 해석된 적이 없는 것으로 알고 있다. 이 문제의 정답을 얻으려면 부득불 한어와 한국어의 언어발달사에 착안하여야 한다.

우리말의 '가을(秋)' '마을(里)' '구이(가축에게 여물을 먹이는 그릇)' 등을 함경도 방언에서 '가슬' '마슬' '구시'라고 한다. 중세 우리말이 원래 '가슬', '마슬', '구ᅀᅵ'이다가 이 'ㅿ'이 후세에 탈락되었는데 함경도 방언에서는 탈락되지 않고 그와 비슷한 발음 'ㅅ[s]'로 변하여 남아 있다. 이것이 '가슬' '마슬' '구시'의 내원이다.

한국어는 이런 고증이 훈민정음이 제작된 1443년 이후에 언문으로 쓰인 문헌에서는 가능하지만 언문 이전의 것은 매우 어렵다. 그러나 한어는 80% 이상을 차지하는 형성자形聲字를 통하여 이런 고증을 쉽게 할 수 있다. 형성자는 글자의 반쪽은 형形, 즉 뜻을 나타내고 다른 반쪽은 성聲, 즉 음을 나타내는 글자를 말한다. 이를테면 형성자 '물을 문(問)'에서 '門'은 이 글자의 음을 표시하고 '口'는 뜻을 표시한다(입으로 묻다). 이는 중국 어학자들이 많은 한자의 고대 음을 고증해내는 중요한 방법 중의 하나이다.

형성자 한자 중 음을 표시하는 성에 초성 'ㄷ'또는 'ㅌ'가 있는데 이 'ㄷ' 또는 'ㅌ'를 아래에 든 예와 같이 어떤 자는 읽고 어떤 자는 읽지 않음을 발견하게 된다.

易(yi이)/碭(tang탕), 弋(yi익)/代(dai대), 也(ye야)/地(di지←디), 兪(yu유)/偸tou투), 異(yi이)/戴(dai대), 翟(di적←덕)/耀(yao요)

당연 '易' '弋' '也' '兪' '異' '耀' 등자의 초성에 원래 'ㄷ' 또는 'ㅌ'가 있다가 후세에 탈락되었음을 알 수 있다. 이런 부류의 글자를 한어 음운학에서는 '유성모자_{喩聲母字}'라고 부른다. 필자가 우리말의 '되놈'을 한자 '夷戎'과 연계시키는 원인도 '夷'가 '유성모자'이기 때문이다. 왜 탈락되었는가는 그 설명이 복잡하므로 본문에서 할애한다. 상기의 예 중 異(yi이)/戴(dai대)가 바로 본문에서 말하려는 왜 '지이산'을 '지리산'이라고 하는가의 예에 쓰려는 글자이다. '智異山' '異'자의 상고 한어 발음은 '이'가 아니라 '디'였다.

혀끝이 앞 입천정에 튕기는 음 'ㄷ'와 'ㅌ'는 연화_{軟化}되어 쉽게 다른 음으로 변한다. 지금은 'ㅈ'나 'ㅊ로 변한다. 예를 들면 맏이 → 마디 → 마지, 미닫이 → 미다디 → 미다지, 같이 → 가티 → 가치, 뎡거댱_{停車場}→ 정거장 등이다. 그러나 옛날에는 'ㄹ'로 변하였다. 예를 들면 도댱_{道場}→ 도량, 차뎨_{次第}→ 차례, 모단_{牡丹}→ 모란, 계단_{契丹}→ 거란 등이다. 또한 고대 한어의 'ㄷ'받침이 몽땅 한국어의 'ㄹ'받침으로 됐다. 예를 들면 達(닫→ 달), 發(받→ 발), 葛(간→갈), 末(맏→ 말) 등이다. 이렇게 볼 때 '지디산'이 '지리산'으로 발음되는 것은 규율에 부합되는 변화이다.

만약 그 어느 외국인이 왜 '智異山'을 '지이산'이라 하지 않고 '지리산'이라 하는가라고 물으면, "이름은 주인을 따른다는 원칙이 있다. 한국인이 '지리산'이라고 하니 잔말 말고 그렇게 불러라" 하면 되지만 좀 알 만한 사람한데는 필자의 이 문장으로 해석해주기 바란다.

6. '寺' 관련 한자어와 한자 관계어

'寺'자의 뜻이 '절'이라는 것은 누구나 다 아는 바이지만, 원래는 관공서를 일컫는 말이었다. 한명제漢明帝(58년~76년) 때 천축天竺(현재의 인도) 스님 써마텅(攝摩騰)과 주파란(竺法蘭)이 서역으로부터 흰 말(白馬)에 불경을 싣고 와서 낙양(洛陽)의 홍로사鴻盧寺(외국인과 변강 소수민족을 접대하는 관공서)에 와 묵고 있었다. 뒷날 이 일을 기념하기 위해 '백마사白馬寺'를 세웠고 그로부터 '寺'자가 '절'이라는 뜻으로 와전되어 지금까지 쓰이고 있다.

'寺'자를 2,000여 년 전에는 [ziə]로 읽은 것으로 되어 있지만 논란이 없는 것은 아니다. '寺'자를 음으로 하는 한자 '특特' '등等' '대待' '티→치痔' '디→지持' '티→지詩' '티→치峙' 등은 초성이 [t-], [t'-] 또는 [d-] [d']이기 때문에 우선 '寺'자의 초성을 [t-] [t'-] 또는 [d-]로 보는 것은 무리가 아니다. 또 '寺'로 구성된 자의 대부분(탁음의 초성을 제외하고)이 거성去聲이며 후세의 거성자가 상고 때는 입성入聲(받침이 있는 자)이 많았다는 설로 보면 '寺'자에는 받침 [-t]가 있었을 가능성이 많다고 본다.

이렇게 볼 때 '寺'자의 음이 원래 '뎓[tiət]', '톋[t'iət]' 또는 [diət] [d'iət]이었을 가능성이 많다. 한어의 [-t] 받침은 일률로 한자어 '-ㄹ'받침으로 변했다. 그러면 한국어의 '뎔 → 졀 → 절'은 '寺'자의 옛음이다. 사람들이 늘 '절하는 곳'이므로 '절'이라고 불렀다는 한국 어느 학자의 글을 본 기억이 나는데 사실은 그 반대로 절에 가서 늘 하는 행동이기 때문에 '절(하다)'라고 한 것이다.

마찬가지로 '等'자도 한자어로 '뎔 → 덜'로 읽었을 것이며 이와 뜻이 같은 한국어의 '우리들' '너희들' 하는 '들'의 어원일 것이다. 지금도 평안도 방언으로 '들'을 '덜'이라고 발음하는 예가 많다. 예를 들면 '너희들 좀 고지 말아라'를 '너덜 좀 고지 말라우'라고 말한다.

'時'자도 원래는 [diət] [d'iət] 혹은 [tiət] [t'iət]이었을 것이며 한자어로 '뎔 → 절' 또는 '톋 → 철'로 읽어야 한다. 이것이 한국어 '봄철' '가을철'하는 '철'의 어원일 것이다. 고대 한어에서 '時'의 뜻은 '철'이었다. 왕충王充『논형論衡』에 "일이 쌓여 월이 되고 월이 쌓여 시가 되며 시가 쌓여 세가 된다(積日爲月, 積月爲時, 積時爲歲)"는 구절이 있다. 한국어에 '사철'이라는 말은 있어도 '삼철' '오철'이라는 말은 없는 것으로 보아 '철'의 원 뜻은 '봄' '여름' '가을' '겨울' 네 계절을 말하는 것이 분명하다.

'寺'로 구성된 글의 초성이 어떤 것은 [t-] [t'-] [d-]였고 또 일부는 거센 탁음 [d'-]였는데, 전자는 지금까지 남아있지만 후자는 구개음화되어 [z-] 또는 [ʐ-]로 변했다. 즉 '스寺' '스時' '스詩' '쓰侍' '스邾' '스蔚' 등이 이런 글자들이다.

'時'가 어떤 방언에서, 혹은 어떤 특정적인 시기에 앞에 말한 것과 다른 변화의 길을 걸어 초성은 [z-] 또는 [ʐ-]로 변했고 중성은 [i] 또는 '待'[ai]처럼 변했다. 현대 한어 표준음 [ʂi]와 그에 대응되는 한자어 음 '시'는 [i]의 길을 걸은 것이다. 고유어 시간을 타나내는 명사 '사이' '새'(일할 사이/새가 없다)는 [ai]의 길을 걸은 것이다. 초성 [d-] [dʰ-] [t-] [tʰ-]를 보전하면서 중성이 [ai]의 길을 걸었으면 고유어 시간을 나타내는 명사 '때'이다.

재미있는 일은 '寺'와 '時'가 한국어에서 옛 음은 '고유어' '절'과 '철' '때' '사이' '새'로 됐고 후세 음은 한자어 '사찰寺刹 사' '시간時間 시'로 됐다.

7. 술 관계 한자어들

구정 때 한어에서 이미 골동품이 된 술 관계 한자어들을 음미하며 술을 마시면 새로운 운치를 느낄 수 있을 것이라는 생각이 들어 이 문장을 쓴다.

'공복에 술을 마시다니, 먼저 요기 좀 하고….' '요기'는 한어 '療飢'에서 온 말이며 그 출처는 3천 년 전까지 거슬러 올라간다. 『시경詩經·진풍陳風·형문衡門』에 '泌之洋洋, 可以療飢(철철 넘치는 샘물은 굶음을 멈출 수 있네)'라는 구절이 있다.

'자작을 하는구려, 제가 부어 드리지요…' 자작自酌 중의 "酌"은 "술을 따르다"라는 뜻이다. 역시 3천 년 전의 말이다. 『시경詩經·주남周南·권이卷耳』에 "我姑酌彼金罍, 維以不永懷(나는 그 잔에 술을 따라 그리움을 잠시 멈추네)"라는 구절이 있고 『맹자孟子』에도 나온다. "酌則誰先? 先酌鄉人(누구에게 먼저 따를까? 촌노村老에게 먼저 따른다)."

'밤새 술을 마셨더니 속이 안 좋아, 해장국 없나?…' '해장'은 본래 '해정解酲'이다. '해'의 'ㅐ'가 양성모음이므로 '정'의 'ㅓ'가 양성모음 'ㅏ'로 동화됐다. 『시경詩經·소아小雅·절남산節南山』의 '憂心如酲 誰秉國成?(근심은 술 취한 몸살 같다. 누가 나라를 다스릴 수 있나?)'에 있으니 3천 년 전에 나온 말이다. '酲'은 '病酒', 즉 '술로 인해 생긴 탈'이다.

'술만 먹지 말고 안주도 먹어…' 안주는 한어 "按酒(혹은 案酒)"에서 유래됐으며 '술 마실 때 더불어 먹는 음식'이다. 宋末 매요신梅堯臣(1002~1060)의 시 『문혜사증신순文惠師贈新笋』: "煮之按酒美如玉, 干脆入齒饞流津(끓인 안주는 옥같이 예뻐, 사박사박 씹으니 군침이 나네)." 『서유기西遊記』 41회: "那唐僧與你做得師傅, 也與我做得按酒(당승이 당신의 스승이라지만 나는 안주로도 먹으련다)."

'나 술 재주 없어. 첨잔하지 마!' '첨잔'은 한어 '첨안添案(안주를 보태다)'을 변경시킨 것이다. 『성세항언醒世恒言·전수재착점봉황주錢秀才錯占鳳凰儔』: "三湯十菜, 添案少喫(10가지 탕에 3가지 반찬, 안주를 보태놓고 조금 먹자)." 중국인은 안주 위주이므로 '첨안'이라는 말을 쓰고 한국인은 술 위주이므로 '첨잔'이라는 말이 발달됐다. 한국인들도 앞으로 술 마실 때 신체를 돌보며 안주를 더 중시하기 바라며

'첨안'이라는 말을 만들어 썼으면 한다.

상기의 단어들은 한어에서 모두 2천 년 전, 혹은 몇 백 년 전에 죽어 버린 말들이다. 그중 '酌'은 지금도 쓰지만 원 뜻은 사라졌고 '짐작斟酌', '작정酌定' 등 단어에서 '짐작하다', '상의하다'라는 뜻으로 쓰인다. 골동품으로 쳐도 여간한 골동품이 아니다. 그런데 한국 사람들은 날마다 그 진귀한 골동품에 밥과 술을 먹는 격이니 여간 멋쟁이가 아닌가 싶다.

이러한 말들은 중국인 중에서 학자들만 안다. 웬만한 사람은 사전을 한참 찾아야 무슨 뜻인지 짐작된다. 그런데 한국 사람들은 날마다 상용어로 쓰고 있으니 모두 학자 수준인가 보다! 사실은 그렇지가 않다. 문화의 중심지일수록 언어의 발전과 변화 및 소망消亡이 빠르고 그 중심지에서 멀리 떨어질수록 보수성이 강하며 특히 타민족에 차용된 언어는 더욱 보수적이어 오래 동안 남는다. 한국어에는 이렇듯 한어에서 이미 죽은 골동품 같은 말을 많이 목격하게 된다.

8. 토끼띠

금년(2023년)은 음력으로 을묘년乙卯年이며 을묘년에 출생한 사람은 토끼띠이다. *묘*卯년에 출생한 사람은 다 토끼띠이다. 토끼띠 중 '띠'의 본의와 그 어원은 어디에 있을까?

필자는 '띠'를 '똥'으로 풀이해 본 적이 있다. 필자의 평안도 방언에서 '똥'을 '띠'라고도 하므로 이렇게 생각해 보았지만 탐탁치가 않다. 의미상 그리 맞지 않으며 또한 뱀 똥이 있는지도 문제다. 그러나 한어발달사, 더욱이 한어음운학音韻學에 대한 연구가 깊어짐에 따라 필자는 이 '띠'의 뜻은 '…번째'이고 어원은 한자 '第'라고 본다.

발음상으로 한자 '第'의 상고 한어의 발음은 '뎨[diei]', 중고 한어의 발음은 [dei], 근대 한어 발음은 [di], 현대 한어 발음은 [ti]이다. 이 발음들을 한글로 표기하면 대충 '뗴 → 떼 → 띠 → 디'가 된다. 〈훈민정음〉에 한어의 탁음 [d]는 일률 'ㄸ'로 표기하였다. 즉 '第'자의 음을 '띠'로 봄은 어음상 완전히 가능하다.

다음은 의미상으로 '第'의 고대한어 원래 뜻이 동사 '순서에 따라 배열하다'이고 이 뜻에서 명사 '순서'의 의미가 파생됐다. 옛날의 책은 죽간竹簡을 순서에 따라 배열해 놓은 것이었다. '『三國志』卷第三'은 '『삼국지』 죽간 말이를 순서에 따라 배열한 세 번째'라는 뜻이다. '토끼띠'는 '토끼 번째', 즉 '십이지十二支의 12가지 동물 이름을 순서에 따라 배열한 토끼 번째'이다. 한어에서 토끼띠를 '數兔'라고 하는데 이 '數'자를 삼성三聲 성조聲調 shǔ로 읽으며 '헤아리다'의 뜻이다. 즉 '12지를 헤아려 토끼 번째'라는 뜻이므로 상기 필자의 '띠'에 대한 풀이와 맞물린다.

그 다음은 한국어에서 형태소 '띠'에 '차례'라는 의미 외에 다른 의미를 부여하기는 어렵다. 한국어에 '첫째', '첫 번째', '둘째', '두 번째…'라는 말이 있는데 '째'의 어원 역시 한자 '第'이며 위의 '뗴'가 구개음화 됐을 뿐이다. 고대 한국어에 복모음이 없었으므로

[diei] 중의 [e]가 남고 [e] 앞의 [i] 때문에 [d]가 구개음화 하면 '째'가 되고 [i]가 남고 구개음화가 되지 않으면 '띠'가 된다. '토끼띠'는 사실 '토끼 째', '토끼 번째'인 것이다.

이희승李熙昇의 『국어대사전』에 한국어의 '차례'를 한자 '次例'라고 표기했는데 틀렸다. 『국어대사전』의 '차례'를 '次第'로 표기해야 맞다. 한어에 '次第'란 단어가 있고 그 뜻은 한자어의 '차례'와 같다. 일본의 『대한화사전大漢和辭典』에는 '次第(しだい)'라는 올림말이 있으며 그 뜻 역시 한자어의 '차례'와 같다. 한어는 물론, 일본 한자어에도 없는 '次例'라는 한자어가 한국어에 있을 리 만무하다. 그러나 조선과학원의 『조선말사전』(속칭 '6권본 사전')에는 '차례'가 '次第'로 표기되어 있는데 정확하다.

이러고 보면 한자 '第'는 우리말에서 '띠, 째, 례, 제' 4가지로 쓰인 셈이다. 역시 3세가 동거하는 단어이며 아주 재미있는 언어현상이라고 보여진다. 그리고 '次第'라는 단어를 쓰지 않는 것은 한국뿐이다.

한어의 '道場(도댱 → 도쟝 → 도장)'을 한국어로 '도량'이라 발음하고 '牡丹(모단)'을 '모란'이라 발음하는 것처럼 옛날 한어의 [d] 또는 [t]가 한국어에서 구개음화되어 'ㄹ'로 되는 수가 많다. [-t] 받침이 있는 한자를 한자어에서 일률 [-ㄹ] 받침으로 한 것을 보면 고대에 'ㄷ'가 'ㄹ'로 되는 현상은 비교적 보편적인 듯하다. 그러므로 '차례'를 구태여 의미상으로 맞지도 않는 '次例'로 쓰는 것은 무리다.

9. '사주'인가, '사촉'인가?

"그렇지만 모택동은 미국에서 일본군대를 사촉하거나 직접 간섭할 가능성에 대해 우려를 가시지 못하였다."

위의 글은 중국 조선족 모 신문에 실린 「대만 진공 계획을 왜 포기했는가?」 중의 한 구절이다. 모택동이 한반도 6.25전쟁을 지원하기 위하여 우려하며 원래 하려던 대만 진공을 포기하였다는 것이다. 6.25전쟁 자체에 관해서는 정치가나 역사가가 운운할 일이고 필자가 취미를 가진 것은 이 글에 나타난 "사촉"이란 단어이다.

필자는 한국에서 "사촉"이란 말을 썼다가 "창피"를 당한 적이 있다. "사주"라고 하여야 맞다고 한다. 한국에서 한문 수능시험을 치를 때 자주 "사촉"이 섞인 말을 문제로 내고 틀린 데를 고치라 한다며, 만약 이를 "사주"로 고치지 않으면 점수를 챙길 수 없다는 것이다. 필자가 이런 상식적인 문제도 모른다는 것이다. 한자어의 전문가로 자부하는 필자의 자존심이 꺾여도 여간 꺾인 것이 아니다. 하여 중국에 돌아온 후 이 문제를 품 놓고 캐보았다.

한국의 『국어대사전』(리희승 저)에는 "사주使嗾"와 "사촉唆囑"을 다 올려놓고 "사주"에는 해석을 달았지만 "사촉"에는 "사주"를 보라고 하였다. 북한 『조선어사전』(조선과학원연구소 편찬, '6권 사전'이라 속칭함)에는 "사주使嗾와 사촉使嗾"을 다 올려놓고 "사촉"에는 해석을 달았지만 "사주"에는 "사촉"을 보라고 하였다. 즉 한국에서는 '사주'를 인정하고 '사촉'은 인정하지 않으며 북한에서는 반대로 '사촉'은 인정하고 '사주'를 인정하지 않는다. 중국 조선족의 언어는 북한과 일치하여야 한다는 국가 규정에 따라 당연 '사촉'만을 쓰므로 필자는 어릴 때부터 줄곧 '사촉'을 써 왔다.

그러면 "사주"와 "사촉" 중 어느 말이 맞는가? 지금 검토해 보기로 하자. 이 말의 뿌리는 한어 "嗾使"이다. 그 뜻은 "소리를 내여 개를 시키다"와 "다른 사람을 시키다(좋은 의미로 쓰이지 않는 말)"이다. 송나라 때부터 현대 한어 서면어까지 줄곧 써왔다. 이 단어를 한자어로 받아들일 때 순서를 뒤집어 "使嗾"이라 함은 자연스러운 일이다. 마치 한어의 "介紹", "平衡", "士兵", "和平" 등을 한자어에서 "紹介", "衡平", "兵士", "平和"라 하듯이 말이다.

문제는 "嗾"자를 어떻게 읽느냐이다. 한어 발음에 "嗾"자는 "蘇後切, 蘇奏切, ㅅ+ㅜ=수"와 "作木切, ㅈ+ㅗㄱ=족" 두 가지가 있다. 한국에서는 전자 "수"음을 받아들여 "주"로 와전시켰고 북한에서는 후자 "족"을 받아들여 "촉"으로 와전시켰다. 결국 "사주"나 "사촉"은 다 맞다. 이희승 저 『국어대사전』에 '사촉'을 한자 '唆囑'으로 표시한 것은 천착穿鑿이다. 한어에 '唆囑'이란 말이 없다.

언어는 서로 습관화되어 인정하면(約定俗成) 그만이다. 한국에서 "사주"라 해서 불편할 것 없고 북한에서 "사촉"이라 써도 어색할 것 없다. 다만 오늘은 한국 사람과 거래하고 내일은 북한 사람과 상종하는 중국 조선족이 난감할 따름이다. 또한 앞으로 남북이 통일되면 이런 분기를 어떻게 해소시킬지 근심된다.

10. 동이, 둥궤

여인네들이 물길을 때 머리에 이는 '동이'를 모르는 사람은 없을 것이다. 그러나 '동이'의 어원이 무엇이며 이 말이 한자와 관계되리라고는 아마 꿈에도 생각하지 못한 사람이 많을 것이다. 이 글을 쓰는 필자는 어릴 때 많이 부르던 '동이' 관련 노래들이 생각난다.

샘물터에 물을 길러 동이 이고 나갔더니
빨래하던 군인 동무 슬금슬금 돌아보네
슬그머니 바라보니 그 솜씨가 서툴러서
부끄러워도 물었지요, 제가 빨아 드릴까요

1950~1960년대 중국 조선족들에게 많이 불린 북한의 노래 〈샘물터에서〉이다. 군인과 시골 여인 사이에 눈길이 서로 오고가는 정경이 실감난다.

짜작 밭골 지나서 언덕 넘어 오솔길
물동이 이고 가는 저 처녀 얌전해
시냇물 한 바가지 푹 퍼 줍소서
싫거들랑 그만두지 어찌 그리 가루 봄둥?

연변 시골의 익살 궂은 총각들이 처녀들에게 치근거릴 때 부르는 노래, 함경도 냄새가 풀풀 난다. 필자가 이런 노래들을 열거한 원인은 이렇듯 말소리나, 그 정서가 우리 민족화한 '동이'가 과연 한자와 관련이 있겠는가, 의아한 생각을 금할 수 없기 때문이다. 고유어는 물레로 솜을 잣는 것처럼 부드러운 소리에 술술 빠져 나오는 감이고 한자어는 칼로 국수를 써는 것처럼 딱딱한 소리에 좀 억지로 나오는 감이라고 필자는 항상 생각해 왔으니 말이다.

조선 중세문헌에 '동이'를 『물보物譜』에서는 '동회', 『동문유해同文類解』에서는 '동회'라 했다. '동이'는 '동회'나 '동회'의 초성 'ㅎ'이 탈락되고 또 일정한 어음 변화를 거쳐 생긴 것임이 뻔하다. 그러면 '동회' 또는 '동회'의 어원은 무엇일까? 이를 확인할 수 있는 증거를 중세 조선인이 한어를 배우는 교과서 『노걸대언해老乞大諺解』에서 찾을 수 있다.

『노걸대언해』에서 '조선의 우물은 중국처럼 깊지 않으며 또 물을 여자들이 긷는다'고 한 후 '把箇銅盔放在頭上頂水'라고 했다. 언문 번역은 '동회다가 마리에 노하 믈을 이되(동이를 가져다 머리에 놓아 물을 이되)'라고 했다. 즉 15~16세기 때 '동이'는 한자 '銅盔'에서 생겼다. '銅盔'의 한자음이 '동회', 현재의 '동이'이다. '銅盔'의 근대 한어 발음이 '둥궤'이며 이것이 함경도 방언 '둥궤'의 유래이다. 단 같은 물건을 '동이', '둥궤' 두 가지로 계속 부를 수 없으므로 '둥궤'에 '물독'이라는 뜻이 부여되었을 따름이다.

'銅盔'는 전쟁할 때 머리는 쓰는 투구다. 이것이 어떻게 '동이'로 둔갑했는지는 좀 더 연구해야 할 과제이다. 낡은 투구를 동이로 활용한데서 생긴 말이 아닌가 싶다. 필자는 어느 드라마에서 인적이 없는 야외에서 병사들이 투구로 물을 길어먹는 장면을 본적이 있다. 또 어릴 때 전기 뚱딴지를 절구로 활용해 쓰는 것, 여인네들이 자전거바퀴 살을 뜨게 바늘로 활용하는 것을 많이 보았다. 물품이 풍부한 지금도 그런데 먼 옛날에는 더 말할 것도 없지 않았겠는가! 옛날에는 물품이 암만 발라도 전쟁에 쓰는 물품은 우선적으로 만들어 썼을 것은 당연하다.

11. 상추

조선일보의 '이규태 코너'에 '천금채千金菜'라는 제목의 글이 실린 적이 있다. 이 글에 의하면 '천금채'는 바로 '생채'이고 날로 먹을 수 있어서 '상常추'로 되었을 것이라고 했다. 흥미로운 화젯감이다. 그래서 본 문장을 통해 '상추'의 어원을 한번 캐 보려고 한다.

중국의 상추는 서역으로부터 천금을 주고 사들인 야채다. 서역에 관한 소개를 보면 그곳에서는 먼 옛날부터 상추를 먹었다. 이렇게 귀한 야채를 그때 당시 중국인들이 날로 먹을 수 있는 의미로 '상常추'라고 이름 지었을 리는 만무하다. 또 이웃 한국인들이 날로 먹을 수 있을 정도로 흔한 야채를 천금을 주고 서역으로부터 사들일 리도 만무하다. 한국의 상추는 중국에서 흘러갔을 것이며 '상추'의 어원은 역시 한어에 있을 가능성이 크다.

상추를 중국으로 갓 들여올 때 부른 이름 '와거萵苣'는 한국어 '상추'의 어원이 아닐 것 같다. 후에 '생채生菜'라는 이름으로 바꾸어 불렀는데 이것이 '상추'의 어원일 가능성이 크다. 따라서 한국어

'상추'의 어원은 한어 '生菜'이지 '상茶'자와는 아무런 관계가 없을 듯하다. '生菜'를 '성차이'라고 읽는 것은 현대 한어음이고 중고 한어는 '생채' 비슷하게 읽었다. 『훈몽자회』에는 '생칰'로 되어 있다. 모음 'ᆞ'는 허공에 뜬 비누거품처럼 한곳에 정착되지 못하고 후세에 ㅏ, ㅡ, ㅣ, ㅜ 등으로 분화되어 없어졌다.

이희승의 『국어대사전』에 따르면 '상추'는 방언이고 표준어는 '상치'며 그 밖에도 '생치, 생추, 생취' 등의 방언들이 있다. 이들을 종합해 두 번째 음절 모음의 공분모는 'ᆞ'었음을, 즉 '상추'가 아니라 '生菜', 즉 '생칰'일 수밖에 없음을 쉽게 간파할 수가 있다. 옛날에는 말할 것도 없고, 지금도 상추보다 배추나 무가 더 날로 먹는 야채인데 하필이면 천금을 들여 사 온 수입품 상치를 날로 먹는 야채의 대표 격으로 내세워 '상추(常菜)'라고 고쳐 불렀을 리는 만무하지 않은가!

보통 한민족과 예로부터 인연이 깊은 문물일수록 고유어일 가능성이 많고, 인연이 멀수록 다른 민족어의 차용어일 가능성이 많다. 이를테면 우리민족은 예로부터 농경민족이지 목축민족이 아니었으므로 가축의 이름에 고유어의 흔적이 적은 듯하다. 소와 고양이를 제외한 모든 가축 이름(중세어로 표기): 양(羊iang), 말(馬mea), 톳기(兔ta), 돈(豬tĭa), 닭(雉dĭei), 가히(狗ko), 올히(鴨eap), 거유(鵝ŋa), 로시(騾lua), 라귀(驢lĭa) 등의 초성이 대응되는 한자의 초성과 체계적으로 같거나 비슷하다.

우리민족은 예로부터 야채생산기술은 조금 뒤떨어진 듯하다. 야채농사를 짓는 중국의 조선족이나 북한은 대부분 중국인을 야채농사의 기술자로 채용한다. 그렇기 때문에 곡물보다도 야채의 이름에 한어의 영향이 더욱 짙은 듯하다. 한어와는 인연이 없는 것 같은 시금치도 사실은 한어 '赤根菜(뿌리가 빨간 야채)'의 음역이다. 그밖에 배추(白菜), 고추/후추胡椒, 감자柑子, 가지茄子 등도 한자와 관계될 것이라는 짐작이 간다. 이런 현상은 '상추'가 한자 '生菜'에서 유래됐을 가능성이 높음을 방증傍證해주고 있다.

12. 동무

〈조선일보·이규태 코너〉에서 '동무'란 제목의 글을 읽은 적이 있다. 문익환文益煥 목사가 김일성을 만날 때 어떻게 부를 것인지 고민하다 '동무'라고 불렀다는 내용이었다. 그러면서 '동무'를 '同務'의 한자어로 보았다.

『훈몽자회訓蒙字會』의 '伴'자에 대한 해석이 '벗 반'으로 되어 있고 그 밑에 '俗曰火伴, 同謀'라는 주를 달았다. 『유합類合』에서는 '伴'자를 아예 '동모 반'으로 풀이했다. '伴'은 '동반자'라는 말에 쓰이는 '伴'자이므로 그 뜻이 '동무'와 통함은 두말할 나위도 없다.

'동무'의 어원은 무엇이겠는가? 필자는 이를 상기 『훈몽자회』의 '同謀'로 본다. 한어에서 '同謀'라는 단어는 '짝이 되여 같이 일을 꾀하다(동사)', '짝이 되여 같이 일을 꾀하는 사람(명사)'의 뜻으로, 춘추시대로부터 현대에 이르기까지 빈도 높게 쓰이고 있다. 한국어의 '동무'란 단어의 뜻이 한어 '同謀'와 같으므로 어원이 한어의

'同謀'임을 더욱 확신하게 된다.

『훈몽자회』는 16세기 초(1527년), 『유합』은 17세기 말엽의 저작인 것으로 보아 아마 한자어의 '同謀'를 옛날에는 '동모'라 하다가 후세에 '동무'로 바뀌었을 것이다. '동모'에서 같은 모음 'ㅗ'가 중첩되므로 이화異化 현상이 일어나 '동무'로 변하는 것은 어학규율에 부합된다. 마치 '고모姑母'를 평안도 방언에서는 '고무'라고 하듯이 말이다.

지금 한국에서는 '동무'를 '북한 빨갱이 말'이라며 전혀 쓰지 않는다. 하지만 16세기에 이미 우리말로 쓴 것을 '북한 빨갱이 말'이라는 것은 어불성설이다. 사실 북한에서도 이데올로기적으로 쓰는 말은 '동지'이지 '동무'가 아니다. 한국에서는 '동무'를 '친구'로 대체해 버렸는데 이 두 단어가 완전히 같은 것이 아니기 때문에 불편할 때가 많다.

우선 동사로서의 '동무'다. 가령 거의 끝나가는 술상에 새로 등장한 사람에게 술을 권할 때 '내가 동무해서 마셔 줄게' 하면 적절하련만 '내가 친구해서 마셔 줄게' 할 수 없다. '한 밤에 험한 산길을 가다니?' 할 때 '동무해주는 사람이 있어'라면 적절하지만 '친구해주는 사람이 있어' 하면 말이 안 된다. '친구하다'라는 말은 없고, 또한 같이 술을 마셔주는 사람이나 같이 험한 산길을 가는 사람이 서로 전혀 모르는 사이일 가능성이 많다.

명사 '동무'도 문제점이 없는 것이 아니다. 어느 민족자본가 A와 그 밑에서 일하던 근로자 B간은 서로 원수다. B는 그 공장을 떠나 어느 독립군에 가입했다. 후에 A도 일본인의 압박에 못 이겨 B가 있는 독립군에 가입하였다. A와 B는 무슨 관곈가? 공장에 돌아오면 서로 원수이고 독립군에서는 같이 항일하는 동무이다. 그러나 서로 친구는 아니다. 이만하면 '동무'와 '친구'의 차이점을 알 만할 것이다.

최근에는 중국조선족들조차 한국인과 접촉이 잦아지면서 점점 '동무'라는 단어를 피하더니 작금은 아예 쓰지 않는다. 한국에서 그토록 쓸모 있는 '동무'라는 단어를 쓰지 않는 것이 못 마땅하다고 생각했는데 중국조선족도 쓰지 않으니 매우 서운하다. 마치 어떤 동물의 종種이 사라져간다는 기분이다. 지금 한국에서도 아직 "길동무"라는 말을 쓰며 가요 "찔레꽃"에도 "동무"란 단어가 등장한다. 아주 없어진 것이 아니니 다행이라는 생각이 든다.

13. '鍾路'인가, 아니면 '鐘路'인가?

師承鉌
(扶風县强家村
出土西周晚器)

鐘

铸
(西汉滿城)

鍾

몇 년 전 한국 〈조선일보·이규태 코너〉에 이런 문장이 실린 적이 있다. 서울 시청의 모 간부가 모 서예가에게 '鍾路'라는 두 글자를 써 달라고 부탁했다. 그러자 그 서예가는 '鐘路'라야 써주지 틀린 표기 '鍾路'라고는 써주지 않겠다고 고집했다고 한다.

그러면 '鍾路'인가, 아니면 '鐘路'인가? 지금 한어의 간체자는 '鐘'과 '鍾'을 모두 '钟'으로 통일시켰다. 그렇지만 옛날 문헌을 들춰보면 '鐘'은 두드리면 소리 나는 일종의 금속 악기다. 『설문해자說文解字』에 '鐘, 樂鐘也。'라고 되어 있다. 그러나 '鍾'은 술을 담는 금속항아리다. 『설문해자』에 '鍾, 酒器也。'라고 적혀 있다.

종각鐘閣에 큰 종이 번연히 매달려 있고 그 종각에 붙은 길이므로 '종로'라고 이름 지었으니까 물론 '鐘路'가 맞을 터이다. 이러고 보면 그 고명한 서예가에게 시청 간부가 실수한 것이 당연하겠다.

그러나 이 시비는 몇 마디 말로 간단히 해명될 일이 아니다. 중국 문헌에는 또한 '鐘'과 '鍾'을 서로 엇갈려 썼으며 심지어 이 두 글자는 '서로 통용할 수 있다'라고까지 했다. 한국인들이 '鐘'자를 써야 할 곳에 '鍾'자를 쓰고 오히려 '鍾'자를 더 많이 쓴 것을 무조건 '무리'로 밀어붙일 수는 없다.

하지만 짚고 넘어가야 할 것은 이들 두 글자의 음이 완전히 같기 때문에 임시로 서로 빌려 쓴 것이지 이 두 자의 뜻이 완전히 같은 것은 아니다. 『설문해자』의 해석에 이 점이 명확히 밝혀져 있다: "경전에 '鐘'을 많이는 '鍾'으로 쓰지만 '주기'라는 뜻의 글을 빌려 쓴 것이다(經傳多作鍾, 假借酒器字。)." 다시 말해 '鐘'으로 쓰면 '쇠북'이라는 개념이 명확하지만 '鍾'으로 쓰면 '쇠북'인지, 아니면

'술 항아리'인지 아리송하다. 결국은 서예가의 견해가 맞는 것으로 된다.

손성우孫成祐 편저 『한국지명사전』(경인문화사, 1974)에 '鍾路'로 되어 있으며 기타 책에도 거의 다 '鍾路'로 되어 있다. 사전에만은 '鐘路'라 표기하고 '鍾路라고도 씀'이라고 하던가, 아니면 아예 '鐘路'로 표기하는 것이 지당하다고 보인다.

'종'자는 한국인의 이름자에도 많이 쓰이는데 명함에 대부분 '鍾'자로 쓰고 있다. 자식이 술꾼으로 되기를 바라는 부모는 없을 터이고, 말하자면 '술 항아리'로 이름을 짓지 않았으리라 보이므로 역시 '鐘'자로 바꾸어 쓰는 것이 당연하다는 생각이 든다.

14. 이름자 '鎬'를 한어로 어떻게 읽어야 하나?

우선 성명함의 본문은 중국 조선족을 상대로 쓴 문장이다.

우리 민족의 이름에 '鎬'자를 많이 쓴다. 이를테면 '永鎬', '炳鎬', '文鎬'… 등. 이 글자를 한어로 어떻게 읽어야 맞을까?

'鎬'자는 3천 년 전의 금석문에 이미 등장하는 유서 깊은 글자이다. 원래는 음식을 끓이는 솥의 일종인데 서주西周의 도읍을 '鎬'라 하였으므로 후세에 주요로 '도읍'이라는 뜻으로 씌었다. 『시경詩經·소아小雅·어조魚藻』: "王在在鎬." '鎬'는 또한 '皓'자와 같은 글자로 취급하기도 하였으므로 '빛나다'라는 뜻도 있다. 하안何晏 『경복전부景福殿賦』: "故其華表則鎬鎬鑠鑠", 주: '鎬鎬, 鑠鑠은 모두 빛나다는 뜻이다.'

이 '鎬'자를 어떻게 발음하는가? 중국 고대의 권위 운서韻書『광운廣韻』에 '胡老切(hào)'라는 음을 달았으며『현대한어자전』에도 'hào'라는 음을 달았다. 그러면 우리말로 '호'로 읽어야 맞다. '鎬'는 후세에 또 '흙을 파는 도구', 즉 '곡괭이'라는 새 뜻이 생겼다. 또 합성 단어로 암석을 뚫는 도구 '風鎬(공기착암기)', '電鎬(전기착암기)'도 파생되었다. 이런 새 의미의 '鎬'에 중국의 각 자전은 'gǎo'라는 음을 달았다. 이 새로 생긴 독음은 우리말로 '고'라 읽는다.

이 독음이 등장한 최초의 문헌은『赶車傳·上山』: "往年拿上十字鎬, 今日要磨新戰刀"이다. 이 문장은 중국 현대 유명한 시인 전간田間(1916~1985)의 작품이니 'gǎo'음이 생긴 지 100년이 채 안 된다. 그러므로 웬만한 독음을 다 수록한 한국 컴퓨터 흔글 프로그램에 '鎬'자에 '호'음은 있지만 '고'음은 없다.

그러면 이름에 쓰인 이 '鎬'자를 한어로 어떻게 발음하여야 할까? 한국어로 '호'이니 당연 'hào'로 발음하여야지 'gǎo'로 발음하면 틀리다. 또한 자식 이름을 유서 깊은 중국 고대의 수도 '호경鎬京' 및 '빛나다'란 뜻과 연결시키기를 원하면 원하지 '곡괭이로 땅을 파먹으며 살라'는 뜻과 연결시키기는 만무하지 않겠는가? 한국인들은 물론 '호'로 발음하나, 이는 맞는 발음이지만, 중국 조선족들은 거의 다 'gǎo'로 틀리게 발음하고 있다.

필자는 한족들도 조선족의 이름자 '鎬'를 'gǎo(가우)'로 틀리게 발음하므로 왜 틀리게 발음하나 핀잔을 준 적이 있다. 그들이 하는 말이 우리도 틀리다는 생각이 들었지만 조선족들이 'gǎo'로 발음하며, 또한 이름은 주인을 따르라는 원칙이 있으므로 당연 'gǎo'로 발음해준다고 하지 않겠는가! 실로 한어 수준이 약한 우리 조선족의 망신이다.

필자의 이 글을 보고 일본에 정착한 '오정호吳正鎬'라는 중국 조선족이 필자에게 이런 편지가 왔다. "저의 이름자 '鎬'를 지금까지 'gǎo(고)'로 발음하였는데 정 선생님의 문장을 보고서야 'hào(호)'라고 발음해야 함을 알았습니다. 그러나 저의 여권에 'gao'로 적혀 있으므로 일본에 등록된 저의 공식 이름도 'gao'입니다. 이는 영원히 고치지 못할 유감으로 남을 수밖에 없게 됐습니다."

한국에 체류한 조선족 중 이름에 '鎬'가 있는 자가 있을 것이라고 생각된다. 한국에서는 조선족의 이름을 여권에 표기된 대로 등록하므로 신분증에 'gǎo'로 씌어 있으리라고 짐작된다. '김정호'가 '김정고'로 개명된 것처럼 말이다. 그러나 이런 유감이 생긴 원인은 본인의 한어 수준 때문이니 남을 원망할 일이 아니라고 본다.

15. 총각

우리말로 '총각'은 '장가갈 나이가 되었지만 아직 장가를 가지 않은 남자'의 뜻이다. 그런데 '총각김치', '총각 미역'이란 말은 무슨 영문인가?

중국 고대문헌에서 찾은바 '총각'에 해당되는 한자는 '總角'이다. 본래의 뜻은 '양쪽으로 갈라 동여매 위로 올린, 짐승의 뿔과 같은 형태의 머리'를 말한다. '總'은 '한데 동여매다', '角'은 '짐승의 뿔'이다.

현존하는 총각 골동품이 이를 유력하게 뒷받침하고 있다. 고대 문헌에서도 '總角'의 이런 뜻을 찾아볼 수 있다. 『시경詩經·제풍齊風·보전甫田』: "婉兮變兮, 總角卯兮, 未幾見兮, 突而弁兮(예쁘다, 멋지다/ 총각은 뿔 같다/ 얼마 안 본 사이에/ 벌써 약관이 됐구나)."

옛날 남자가 약관弱冠하기 전이나 여자가 계년笄年이 되기 전에 모두 '總角' 형태의 머리를 했다. 그러므로 '총각'은 또한 미성년의 남녀를

總角

총칭하는 말로도 썼다. 역시 문헌에서 이런 의미의 예를 볼 수 있다. 『시경詩經·위풍衛風·맹氓』: "總角之宴, 言笑晏晏, 信誓旦旦, 不思其反(총각 때는 서로 즐거워/ 웃음꽃 활짝 피었었지/ 맹세는 진실이었건만/ 번복할 줄 몰랐네)." 애인에게 배반당한 여자의 노래인데 서로 어릴 때를 둘 다 '총각' 때라고 했다.

'총각'이란 말이 『시경』에 몇 번이나 나오는 것을 보면 그 역사가 적어도 2500년은 되었다. 이 말은 후세의 문헌에도 자주 나타났으며 청나라 때까지 계속 써 왔다. 『홍루몽紅樓夢』: "這院門上也有四五個才總角的小斯, 都垂手侍立(이 뜰 입구에도 총각 몸종 4~5명이 모두 팔을 드리우고 서 있다)." 청나라 말년부터 '총각'이란 말을 점점 쓰지 않았으며 현대 한어에서는 아예 종적을 감추었다.

우리도 옛날에는 '총각'을 한어와 같은 뜻으로 써 왔을 것이다. 재미있는 일은 한자어에서 '총각'은 의미가 변했거나 파생됐다. 한

어의 '總角'과 우리말의 '총각'을 비교해보면 몇 가지 유의할 점이 있다.

첫째, 한어에서 이미 사라진 이 말이 우리말에서는 지금도 상용어로 쓰이고 있다. 둘째, 원래 여자도 '총각'이라고 했던 것이 우리말에서는 남자만을 '총각'이라고 부른다. 셋째, '미성년'이란 뜻의 '총각'이 '결혼하지 않은 남자'로 둔갑되어 결혼만 하지 않았으면 아무리 늙어도 다 '총각'이라 부를 수 있다. 넷째, '총각'의 형상적 혹은 상징적인 뜻이 우리말에서 파생되어 형용사로 사용된다는 점이다. 즉 총각머리의 모양과 비슷한 사물에 '총각'이라는 관형어를 붙여 '총각-무', '총각-김치', '총각-미역(꼭지미역)'이란 단어가 생긴 것이다.

어느 조선족 식당의 메뉴에서 '총각김치'를 한어 '小伙子泡菜'로 번역해 놓은 것을 보았는데 이를 우리말로 번역하면 '장가가지 않은 남자 김치'이다. 삶은 소대가리도 앙천대소仰天大笑할 일이다. "纓頭蘿卜泡菜"로 번역하면 딱 맞다. "總角泡菜"로 번역해도 괜찮다. 고전 지식이 있는 중국인 학자가 이렇게 지은 이름을 보며 유서 깊은 한국의 문화에 감탄하며 혀를 휘두를 것이다.

16. 명함

영어의 '네임카드name card'에 해당하는 한국어 '명함'의 '함'자가 어느 한자인지를 잘 모르는 사람이 적지 않다. 필자가 문의해 본데 따르면 모르는 사람이 태반이다. '우편함郵便函'이라는 '函'자로 보는 사람도 적지 않다. 명함에 우편 주소가 적혀 있으니 정답일 듯하다.

사실은 '직함職銜' '銜'자이다. '名銜', '姓銜'의 뜻은 '이름과 직함' '성과 직함'이다. 명함을 일컫는 한어의 '밍펜(名片)', 일본어의 '메이시(名刺)', 그리고 영어의 'name kard'에는 '직함'의 개념이 전혀 없는데 어째 한국어에만 유독 이렇게 됐을까?

한민족韓民族은 아마 다른 민족보다 '직함'이나 '관직'을 각별히 중시하는 데서 비롯된 것이겠거니 하고 넘겨짚기 쉽다. 필자의 경험에 따르면 사실 한민족은 다른 민족, 가령 중국 한족漢族에 비해 벼슬에 대한 탐심이 적고 한 사람의 직함에 대해 집요하지 않다. 한국인이 네임카드를 '명함'이라고 하는 데는 그 원인이 다른데, 즉 유서 깊은 문화에 있다는 점을 필자는 강조하고 싶다.

한어 '名片'은 불과 청말清末에 생겼다. 옛날로 거슬러 올라가면 '명자名刺' '명지名紙' '명첩名帖'이라 했고 더 거슬러 올라가면 최초의 조상은 '작리자爵里刺'임을 발견할 수 있다.

역사『삼국지三國志』제9권「하후연전夏侯淵傳」의 배송지裵松之 주석문에 이런 말이 나온다. 하후연의 다섯째 아들 영榮은 어릴 때 뛰어나게 총명하고 기억력도 대단했다. 이런 소문을 듣고 위문제魏文帝가 그를 한번 접견한 적이 있다. 자리를 같이한 사람들이 저마다 자신의 명자名刺에 적혀 있는 성명, 본관, 작위(관직) 등을 문제에게 상주上奏한 뒤 하후영에게 한 번씩 보여주고 제 자리에 앉았다. 그런데 100여 명이나 되는 사람들의 명자를 영은 한 사람도 틀리지 않게 다 외웠다.

배송지의 주해 해석에 '명자'는 바로 세간에서 말하는 '작리자'라고 했다. '爵里刺'는 한나라 때에 씌어진 『석명釋名』이라는 책에 나타나며 성명, 작위(관직), 그리고 향리 즉 본관이나 거주지를 말한다. 즉 중국에는 2천여 년 전의 한나라 때에 벌써 명함이 있었다.

한국어의 '명함'은 고대 한어 '爵里刺'를 고스란히 이어받은 것에 불과하다. 다만 '爵'자를 뜻이 비슷한 '銜'자로 고쳤을 뿐이다. 직함이 없는 명함은 거의 없다. 일반 농민이나 근로자가 명함을 가지고 다니는 것을 본 적이 있는가. 일어의 '名刺'는 '名里爵'의 아들 벌에, 현대 한어의 '名片'은 '名里爵'의 손자 벌에 해당되는 셈이다. 한국어의 '名銜'은 '名里爵'의 동생쯤은 되니까, '名刺'의 작은아버지, '名片'의 작은할아버지인 셈이다.

한국인에게서 가끔 '국장 대우', '부장 대우'라고 씌어진 명함을 발견하게 된다. 이는 한국인의 명함에서 직함 '銜'자가 유명무실한 들러리가 아니라 실질적인 내용이 있다는 얘기다.

필자는 한국인에게서 "성함이 어떻게 됩니까?"라는 물음을 받았을 때 "소인은 하동河東 정씨鄭氏에 처장處長의 자리를 겨우 지키고 있습니다"라고 완벽한 대답을 하고 싶은 충동을 느끼면서 한 번도 행동에 옮겨본 적은 없다.

17. 事業

한자어 '사업事業'은 현대 한어 '事業'과 일치하지 않다. 사실 한자어 '사업'이 한어의 '事業'으로 번역되는 경우는 드물고 많이는 다른 말로 번역되어야 맞다. 이 단어의 번역에 오류가 자주 생기므로 부득불 이 문장을 쓴다.

아래에 김우중의 저서『세계는 넓고 할 일은 많다』의 중문 번역본『天地廣闊, 大有作爲』가 '사업'을 어떻게 번역했는지를 예로 들며 분석해 본다.

이 책에는 '사업'이란 단어가 35번 나오는데, 절반 이상이 적절하게 번역되지 못했다. 상황에 따라 아래와 같이 구별하여 번역해야 옳다. 궁서체는 원문이고 원문 '사업' 뒤 괄호 안의 한자는 중문판의 번역이며 *표시가 있는 부분은 필자의 분석 글이다.

사실은 낙도 의료사업事業을 벌이면서…교육사업事業으로는 조선소가 있는 옥포에…

　*일반적으로 경제적 활동을 '사업'이라 하고 경제적 활동이 아닌 '일'을 '사업'이라 할 때는 앞에 관형어를 붙여 '의료사업' '교육사업'이라 한다. 본 단락의 번역은 맞다.

무슨 일을 하든 마찬가지지만 특히 사업事業에서는…

　*관형어가 없는 '사업'은 경제적 활동을 의미하는바 '장사'라는 말과 비슷하다. 이때는 '生意'로 번역해야 바람직하다.

사업事業을 시작하기 이전, 7년 동안 나는 한성실업이라는 먼 친척 아저씨네 회사에서 일한 적이 있다.

　*한국에서 남 회사의 직원으로 일하는 것은 '사업'이라고 하지 않

고 자기가 사장(주인)인 경제적 활동만을 '사업'이라고 한다. 이
경우 '作自己的生意'로 번역하는 것이 적절하다.

나 자신이 우리 가정을 위해 사업企業을 치우고…
  *이 예문은 번역이 제대로 됐다.

이노베이션은 사업工作의 세계에서만 가능한 것이 아니라 공부에서도…가
정에서도 혁신은 가능하다.
  *'공부', '가정생활' 등과 대립되는 사회의 분야를 구체적인 '工作'
  으로 번역할 것이 아니라 '經營'으로 해야 적절하다.

헝가리에서 호텔사업事業을 벌일 때도…
  *경제활동 중의 구체 분야를 칭하므로 영어 'project'에 해당되는
  '項目'이 적절하다.

거래 은행의 지점장을 찾아가서 사업事業 계획서를 보이고…
  *구체적인 일을 칭하므로 '業務'가 더 적합하다.

사업을 늘여 가면서 새로운 사업事業에 뛰어들 때마다…
  *구체적인 일에 뛰어드는 의미이므로 '工作'을 쓰는 것이 옳다.

살펴본 바와 같이 한자어의 '사업'이 한어의 '事業' '生意' '作自己
的生意' '企業' '經營' '項目' '業務' '工作' 등 다양하게 번역되어야

한다. 이 밖에 이 책에 나타나지 않은 다른 경우도 있을지 모른다. 한어의 '事業'을 한국어로 번역할 때도 역시 난처한 경우가 많다.

18. 공작

어느 해인가 한국 동해안으로 침투했다가 침몰한 북한 잠수정이 인양된 적이 있다. 북한에서는 정상적인 훈련 중에 고장이 나서 침몰한 것이라며 송환해 달라고 요구한 데 반해, 한국 측은 대남공작 침투행위라며 북측에 강력한 항의를 제기했다.

어느 쪽이 옳고 그른지는 필자의 소견 밖이며, 이 글에서는 이번 사건을 다루는 중에 자주 등장하는 '공작工作'이란 단어에 대해 좀 설명해 보고자 한다.

이번 사건을 다룬 중국의 언론매체들은 남과 북의 주장을 제3국의 입장에서 공정하게 처리하느라 고심한 흔적이 보인다. 그러나 '공작'이란 한자어 단어를 그대로 한어 '工作'으로 옮겼기 때문에 남측의 주장이 제대로 반영되지 못했다.

한자어의 '공작'과 한어의 '工作'은 같은 한자를 쓰고 있기는 하지만 그 뜻은 크게 다르다. 한자어의 '공작'은 '어떤 목적을 위해 미리 꾸미다(동사)' 또는 '그 꾸미는 계획이나 준비(명사)'를 뜻한다. 그러나 한어 '工作'의 뜻은 '직업(명사), 사업(명사)' 또는 '일하다(동사), 근무하다(동사)'이다. 한국어의 '공작'과 비슷한 뜻을 가진 한어는 '책획策劃', '모획謀劃', '주획籌劃', '구당勾當(명사)', '干…勾當(짓거리를 하다-동사)', '小動作(꼼수를 부리다-명사)', '作小動作(작은 꼼수를 벌이다-동사)' 등이다.

게다가 '공작工作'이란 단어가 갖는 포폄褒貶 기능도 한국어와 한어는 전혀 다르다. 한국어의 '공작'은 주로 부정적인 의미로 쓰며 나쁜 목적을 위하여 일을 꾸미는 것을 일컫는다. 한국 신문에 '공작 정치'라는 말이 많이 등장하는데, 이는 가볍게 말하면 '술책을 쓰는 정치', 심하게 말하면 '음모 정치'의 뜻이다. '대남 공작'이라 하면 '북이 남을 음해하기 위해 저지르는 나쁜 행위'라는 뜻이다.

그러나 한어의 '工作'은 주로 긍정적인 데 쓰이며, 최소한 중성쯤의 뉘앙스를 갖고 있으면 있었지 부정적인 행위에는 절대 쓰지 않는다. 긍정적인 행위에 '工作'을 붙인 '政治工作', '敎育工作', '扶貧工作(극빈 지역을 돕는 사업)'이라는 말은 있어도 부정적인 행위에 '工作'을 붙인 '人身賣買工作(인신 매매 사업)', '走私工作(밀수 사업)', '破壞工作(파괴 사업)'이란 말은 없다는 것이 이를 뒷받침한다.

이번 잠수정 사건을 한국에서는 북한의 '대남 공작'이라고 규정하였는데, 이 말을 한어로 '對南策劃', '對南謀劃', '對南籌劃'라고 번역해야 맞다. 실은 '對南工作'이라 번역하였는데 오히려 북한이 남한에게 좋은 일을 하여 주었다는 뜻으로 된다. 의미상 틀렸을 뿐만 아니라 표폄의 기능도 북한의 행위가 정당하다는 뜻으로 됐다.

한국인과 거래하는 중국 조선족들은 '공작'이라는 단어를 함부로 쓰지 말며, 되도록 삼가기 바란다. 만약 한국인에게 당신 지금 '무슨 공작을 하고 있나?'고 물으면 '무슨 꿍꿍이를 꾸미고 있나?'로 오해할 수 있다. 만약 한국인에게 저는 지금 '혼인 공작을 하고 있다', 또는 '어린이 공작을 하고 있다'라고 하면 자칫 '부녀 또는 어린이 유괴(拐賣婦女與兒童)'의 짓을 한다는 오해를 받을 소지가 있다.

19. 품질, 질, 질량

30여 년 전, 필자가 한국 탁구선수 안재형安宰亨과 중국 탁구선수 초지민焦志敏 간의 혼인 중매를 설 때의 일이다.

한 번은 한국의 기자 등 20여 명의 인터뷰를 받는 자리에서 초지민을 소개하게 되었다. 먼저 초지민의 가정 형편, 탁구 선수의 생애를 소개하고 다음은 그는 지금 세계 여자 탁구 선수 랭킹 1위를 몇 회 유지하고 있으며 중국 국가 급 내지 세계 급의 금메달을 20개 정도 보유하고 있다는 소개를 상세히 하였다.

나중에 초지민의 인물과 도덕성을 소개하였다. "초지민은 키가 고대 로마 미녀 비나스의 키와 같은 168cm이고, 제10회 아시아올림픽(1986년, 서울) 미스아시아 1인자일 정도로 인물이 출중하다. 그렇지만 인물 잘났다고 빼거나 까다롭게 굴지 않으며 마음씨가 아주 착하고 품질品質이 좋다."라고 말하였다.

"하!하!하!…호!호!호!…" 필자의 말이 끝나자마자 기자들은 일대 폭소를 일으켰다. 필자가 어리둥절하여 왜 웃는가라는 의문의 표정을 지었다. 그들은 이내 이야기하지 않고 "정 교수님은 품질이 어떠합니까?"라며 저마다 필자의 몸을 만져보자며 접어들었다. 물론 농담 섞인 말과 행동임을 감지할 수 있었지만.

그들은 또 "정 교수는 초지민의 몸을 몇 번 만져봤나?", "자주 만져보나?", "정 교수의 도덕성에 의문이 간다"라는 농담을 하고는 또 한 번 폭소를 터뜨렸다. 한자어에 '품질'은 물체에만 쓴다. 물체의 성질과 바탕을 일컫는다. 이를테면 '이 나일론 천의 품질은 매끌매끌하다', '저 이태리 피혁제품은 품질이 보들보들하다' 식으로 말이다.

사람의 도덕성을 운운할 때 한국어로 '품행品行' 등으로 표현한다. 한어도 '품행'이라는 말을 쓰지만 '품질'이라는 말을 오히려 더 많이 쓴다. '그 사람은 품행이 좋다'를 한어로 '那個人品質好'라고 하면 아무런 어폐도 없다. '品質'은 한어에서 사람과 물체에 다 쓸 수 있다.

한자어의 '품질'을 한어에서는 '질량質量'이라고 한다. 그러나 한자어의 '질량'은 한어의 '질량'과 또 다르다. '중량'과 비슷하면서도 조금 다른 물리학 개념으로서 '힘이 물체를 움직이려고 할 때 물체의 저항의 정도를 나타내는 양'을 일컫는다. 이 개념을 한어에서도 '질량質量'이라고 한다.

한자어의 품질을 '질'이라고도 하며 이 '질'을 품행의 뜻으로도 쓴다. 그러나 현대 한어에서 일반적으로 '質'이라는 단음절 단어를 쓰지 않는다.

이상 한자어와 같은 한자인 한어가 복잡하게 엇갈린다는 것을 잘 알아둘 필요가 있다. 어느 남자가 한국인에게 어느 여자의 '품질이 좋다'—상기의 필자처럼—고 말했다가는 큰 오해를 받을 수 있다. 말한 자의 도덕성에 문제가 될 소지가 있으니 말이다.

20. '相'과 '像'

한어로 '사진기'는 '조상기照相機'라 하고 비디오는 '녹상기錄像機'라 한다. 우리 조선족들은 자칫하면 '相'과 '像' 두 글자를 혼돈하여 쓰기 일쑤다. 같은 뜻인데 하나는 '相'으로, 다른 하나는 '像'으로 쓰는 데는 깊은 역사적 유래가 있다.

필자가 1992년 여름 북한을 방문할 때 겪은 일이다. 함경남도 북청北清역에서 여권을 제시하고 기차표를 산 다음 플랫폼에서 기차를 기다리고 있는데 역에서 근무하는 젊은 아가씨 한 사람이 옆으로 다가와 필자를 뚫어지게 바라보는 것이 아닌가! '어쩌면 이렇게 추파를 던진 담?' 아내가 눈치 챌까 봐 슬금슬금 피하는데도 자꾸만 따라오는 것이었다.

하는 수 없이 그 영문을 물었더니, 필자의 여권을 좀 보여줄 수 없느냐는 것이었다. 필자가 기차표를 사며 여권을 보여주었을 때 "세상에 이렇게 멋진 사진 다 있지비!" 하며 종업원들이 돌려가며 저마다 한 번씩 들여 봤다는 것이다. 호기심이 생긴 나머지 아가씨 한 명을 보내 한 번 더 본인과 사진을 대조하며 진짜로 찍은 사진인가 알아보려고 찾아왔다는 얘기였다. 그러면서 "그것이 진짜 사진입지비? 화보에 난 것을 오려서 여권에 붙인 것입지비?" 하며 이것저것 묻는 것이었다.

당시까지만 해도 북한에는 칼라 사진이 매우 드물었으며 더구나 북청 같은 시골에는 아예 없었던 모양이다. 그러니 칼라 사진은 그곳 사람들에게 그야말로 새롭고 신비로운 사물이었던 것이다.

북경에서도 칼라사진이 1970년대 중반에야 유행되기 시작했으니 그럴 만도 하다.

이것이 1992년도 북한의 실정이라면, 약 100년 전쯤 서양 문물 사진기가 막 들어오기 시작하는 시기의 중국인들의 인식 수준은 오죽했겠는가. 개화기의 문헌을 보면 중국인들은 사진기를 괴물로 생각했을 정도다. 사진은 특수한 그림에 불과한 것이 아니라 그 사람의 형태에다 혼까지 빼내다 넣었다고 생각했다. 그래서 사진 찍기를 꺼려했다. 사진을 찍은 후 몸이 불편해지면 혼을 빼앗겼기 때문이라며 사진기를 짓부수는 일까지 생기곤 했다고 한다.

'相'의 본뜻은 '눈으로 나무를 보다'이고 파생의미로 어떤 사물의 모양 자체를 일컫는다. 그러나 '像'자의 본뜻은 '비슷하다', '모방하다', '비슷하게 그린 그림' 등이다. 우리 조상의 말대로 '相'은 '서로 상'이고 '像'은 '모양 상'이다. 개화기에 왜 '모양 상'을 쓰지 않고 '서로 상'을 썼겠는가에 이해가 간다.

그러나 비디오가 중국에 퍼지기 시작한 것은 대체로 1970년대 후반부터였다. 사전은 실제 언어생활보다 좀 보수적이므로 1980년대 초반에 출간된 『현대한어사전現代漢語詞典』에 비디오를 뜻하는 '녹상기錄像機'라는 말이 올라 있지 않다.

이 두 '상'자를 혼동해 쓰면 안 된다. 1996년판 『현대한어사전』과 1998년판 『현대한어규범자전現代漢語規範字典』에 사진기에는 '相'자를, 비디오에는 '像'자를 써야 한다고 분명히 밝혀놓았다. 당시는 사진을 그림의 일종으로 생각하고도 남음이 있을 정도의 인식 수준이므로 '모양 상像'자를 쓴 것이다. 그러므로 많은 한자어 이를테면 초상

肖像, 영상映像 영상影像, 상상想像, 화상畵像에는 모두 모양 '像'을 쓴다.

21. 만두

한국의 대하드라마 〈태조 왕건〉에 왕건 장군과 그의 부하들이 만두를 먹는 장면이 나온다. 이 장면에 대해 장외場外 해설 형식으로 이런 말이 나온다. "만두는 삼국시대에 제갈량이 발명한 음식이다. 원래 사람의 머리로 제사를 지내다가 제갈량이 사람 머리 형태로 빚어 만든 밀가루 음식으로 대체했는데 그것이 바로 오늘의 만두이다."

이 해설은 오류이다. 중국문헌『사물기원事物起源』에 제갈량이 맹획孟獲을 정복하기 위해 노수瀘水를 건널 때 사신邪神의 해를 피하기 위해 원래 사람의 머리로 제사지내던 것을 밀가루로 사람의 머리처럼 만들어 제사를 지내어 '만두饅頭'가 생겼다는 기록이 나오기는 한다. 그러나 여기에서 말하는 '만두'는 현재 한국 음식의 빵이지 만두가 아니다.

중국에서 전래된 이런 유의 음식의 한국 이름과 중국 이름의 대응관계를 정비해 보면 이러하다: 한국의 빵=중국의 만터우(饅頭: 만두), 한국의 육만두=중국의 바우즈(包子: 포자), 한국의 만두=중국의 쟈우즈(餃子: 교자).

빵(만터우)은 소가 없고 육만두(바우즈)는 소가 있는 것이 상례이지만 중국 남방에서는 소가 있건 없건 다 빵(만터우)이라고 하는데도 있다. 그러나 빵과 육만두는 다 밀가루를 발효시켜 만든 것이고 만두는 비 발효 음식이라는 구별이 엄격하다. 소가 있는 육만두와 만두의 구별은 물론 형태상의 차이점도 있겠지만 이는 본질적인 차이점을 말해주는 것이 아니고, 전자는 발효음식이고 후자는 비발효음식이라는 점이다.

만두는 퍽 후에 생긴 음식이며 또한 북방에 국한된 음식이다. 지금도 중국의 장강長江 이남에서는 만두를 거의 먹지 않으며, 장강과 황하黃河 사이는 좀 먹으며 황하 이북에서 많이 먹는다. 다시 말해 북방으로 올라갈수록 만두를 많이 먹는다. 만두는 원래 북방 소수민족의 음식이라는 설이 있다.

뿐만 아니라 만두는 원래 '볜스(扁食)'라 하다가 후에 '쟈우즈'로 고쳐 부르게 됐다. 즉 제갈량이 노수를 건널 때는 중국에 만두가 없었고 썩 후에 생긴 만두도 '볜스(扁食)'라 불렀으니 상기 〈태조 왕건〉의 해설문이 오류임은 확실하다. 제갈량이 노수를 건널 때부터 1,000여 년이 지난 조선시대에 한국인이 한어를 배우는 교과서 『노걸대언해老乞大諺解』에 만두를 '扁食'라 했다. 지금도 중국 청해성靑海省 모 방언에 만두를 '볜스(扁食)'라고 한다. 조선 함경도 방언과 그쪽에서 이민해온 중국 연변 조선족들도 만두를 '밴새'로 부르는데 바로 '扁食'가 그 어원이다.

중국의 만두는 계란에 부추를 넣는 수도 있지만 대부분 고기소가 위주이다. 돼지고기, 쇠고기, 양고기 다 가능하다. 또한 쪄 먹거나 지져먹기도 하지만 맹물에 끓여먹는 방법을 더 선호한다. 대단히 맛있으므로 '好吃不如餃子(맛있어도 만두만 못하다)'란 속담도 있을 정도이다. 그러나 한국의 만두는 고기를 거의 넣지 않고 두부나 당면(粉條)을 넣어 만들며 쪄먹는 방법밖에 없어 너무나 맛이 없다. 필자는 만두를 먹고 싶으면 꼭 대림이나 구로 일대의 중국식 식당에 가서 먹는다.

22. '深圳'을 어떻게 읽을 것인가?

1978년까지만 해도 深圳은 농촌마을이었다. 바로 맞은편에 있는 홍콩의 라호羅湖는 네온사인이 번쩍번쩍하는 불야성이었고…이로 인해 그때 深圳을 경유하여 홍콩으로 불법 월경하는 중국인이 연 평균 18,000명 정도였다. 深圳을 시찰하던 등소평이 이 말을 듣고 지팡이로 땅을 두드리며 '이곳을 홍콩 못지않게 만들어 불법 월경 하는 자를 없애자'라고 말하였다. 등소평의 이 지팡이 두드리는 소리가 바로 중국 개혁개방의 최초의 호소령이며 중국 최초의 경제 특구가 바로 '深圳'이 된 연유이다.

그런데 이 '圳'자를 한자어로 어떻게 읽어야 할지가 문제다. 당시 중국의 조선족들도 한동안 어리둥절했는데 그때 누가 내놓은 대안 인지는 모르지만 '川'자의 음을 따서 그저 '심천'이라고 부른 것이 지금까지 쓰이게 되었다. 한국에서도 이 문제를 두고 논란이 없지 는 않았다. '심수'라고 읽어야 맞다고 하다가 점점 '심천'으로 변하 더니 지금은 완전히 '심천'으로 고착되고 말았다. '한글' 소프트웨 어에 '圳'자는 '수'와 '천'의 양쪽에 모두 수록되어 있다.

그러면 '深圳'을 어떻게 발음하는 것이 맞는가? '圳'자의 발음에 대한 중국 역대 고서의 기록은 아래와 같다.

1. '수': 『용감수감龍龕手鑑』: '발음이 '酬수'자와 같다.'
   『자휘보字彙補』: '발음이 시류절市流切(수)이다.'
2. '견': 『육서고六書故』
   : '畎자와 같다(畎자의 발음은 고현절古泫切(견)).'
3. '회': 『수진옥경搜眞玉鏡』, 『개병사성편해改併四聲篇海』
   : '발음이 淮회와 같다.'
4. '짐': 『고승觚賸』: '발음이 자짐절子鴆切(짐)이다.'

이상 '수, 견, 회, 짐' 4가지 발음 중 『강희자전康熙字典』은 '수'음만을 따랐으며 한국의 각 옥편에도 대개 '수'음만을 기록하고 있다. 한국의 유식자들이 '深圳'을 '심수'라고 읽은 연유가 여기에 있다.

그러나 문제는 여기서 그치지 않는다. 『고승』의 기록을 보면 '광동廣東말은 음이 바르지 못하며 속자를 많이 쓴다…물도랑을 "圳"으로 표시한다'고 했다. 그리고 『청패류초淸稗類鈔』에서는 '圳'자를 '짐'으로 읽는다고 했다. 지금 중국에서 쓰는 공통어 'shenzhen'은 바로 이 '심짐'에서 기원한 음이다.

고유명사는 주인을 따르는 것이 원칙이다. '深圳'이 광둥의 지명이고 현지에서 '심짐'으로 읽는다면 정답은 당연히 한자어로 '심짐'이 맞다. '智異山'을 아무리 '지이산'으로 읽고 싶어도 한국에서 '지리산'으로 읽으므로 별 도리가 없는 것과 마찬가지다.

'심수'든, '심천'이든 모두 오독이다. '圳'자를 구성한 '土'자나 '川'자는 모두 발음을 나타내는 것이 아니라 뜻을 나타내고 있다. 그러나 중국 조선족이든, 한국인이든, 북한인이든 모두가 '심천'이라고 부르니 구태여 고쳐 부를 필요도 없고 또 고쳐 부를 수도 없게 되어 버린 것 같다.

23. '朝鮮'의 독음과 그 뜻

필자는 한국인들에게서 이런 말을 종종 듣곤 한다: 한자 '朝鮮'을 뜻풀이 하면 '朝'는 아침이라는 뜻이고 '鮮'은 선명하다는 뜻이다. 그러므로 '朝鮮'은 아침 해가 돋는 나라, 햇빛이 찬란한 나라라는 것이다. 심지어 이런 내용의 글도 많이 보았다. 북한 〈애국가〉의 첫 구절은 '아침은 빛나라 이 강산'이다. '朝鮮' 두 자를 아침과 빛나다로 이해하고 쓴 가사임이 틀림없다.

중국인들도 이 견해를 인정하며 지금 사람들은 '朝鮮cháoxiǎn' 두 자를 틀리게 음독音讀한다고 주장한다. '朝'자가 아침의 뜻이면 '조정朝廷'을 뜻하는 2성 'cháo'로 읽을 것이 아니라 아침을 뜻하는 1성 'zhāo'로 읽어야 하며 '鮮'도 적다는 의미의 3성 'xiǎn'으로 읽을 것이 아니라 선명하다는 뜻의 1성 'xiān'으로 읽어야 하므로 '朝鮮'을 'zhāoxiān'으로 읽어야 맞는다는 것이다. 이런 견해는 얼핏 보기에는 그럴 듯하지만 사실은 믿을 수 없다.

우선 '朝鮮'의 이런 해석법은 이성계李成桂가 세운 조선왕조 이후부터 나온 말이다. 사실 '조선朝鮮'이라는 고유명사는 기자箕子조선 설까지 거슬러 올라가면 중국의 상나라, 주나라 때에 이미 있었다.

그런데 2000여 년 전에 쓰인 사마천司馬遷의 『사기史記·조선열전朝鮮列傳』에도 '아침 해가 찬란한 나라'를 운운한 적이 없다. 한국의 역사 문헌 『삼국사기三國史記』나 『삼국유사三國類事』에도 조선을 '아침 해가 찬란한 나라' 식으로 언급한 적이 전혀 없다.

중국 문헌 이십사사二十四史에는 나타나는 고유명사(인명, 지명)마다 어떻게 읽는가, 무슨 뜻인가 하는 해석을 하였다. 삼국시대의 장연張宴은 '조선에는 습수湿水, 열수洌水, 산수汕水가 있는데 그들은 열수에 합류한다. 낙랑樂浪, 조선은 이런 강 이름에서 따온 듯하다'라고 하였다.21) 당대唐代의 사마정司馬貞은 진일보 '산수汕水가 있으므로 조선이라 부른다.'라고 하였다. 당나라의 다른 한 학자 장수절張守節은 '朝鮮'에 'cháo xiān'으로 음을 달았다.22)

'汕'자는 옛날 'shàn', 'xiān' 두 가지 발음이 있었다. '鮮'을 'xiān'으로 읽는다고 하더라도 '汕'에서 왔으므로 강 이름이지 '찬란하다'와 관계가 없을 것이다. 옛날 고장 이름이 많이는 강 이름과 관계된다는 것을 고려할 때(한양, 한강의 북쪽; 낙양, 낙수의 북쪽; 하북, 황하의 북쪽 등) '朝鮮'의 어원에 관한 상기 장연, 사마정, 장수절의 설이 맞을 확률이 높다.

---

21) 『史記·朝鮮列傳』 주해: "『集解』張宴曰: '朝鮮有濕水, 洌水, 汕水, 三水合爲洌水, 疑樂浪, 朝鮮取名於此也.'". 司馬貞의 주해: "『索引』案: '朝音潮, 直驕反. 鮮音仙. 以有汕水, 故名也。汕一音訕.'"
22) 『史記·朝鮮列傳』 주해 장수절의 「정의」 왈: 조선은 '潮仙二音.'

'鮮xiān'의 원 뜻은 물고기의 총칭이다. '鮮'자의 구조를 보면 '魚'와 '羊'의 결합인즉 아마 '생선고기'라는 뜻이 확실할 것이다. 『노자老子』 '治大國若烹小鮮(나라를 다스림은 물고기를 끓이는 것과 방불하다)'가 '鮮'자의 본뜻을 쓴 예이다. 이 본뜻으로부터 '활어', '생선회', '금방 잡은 짐승의 고기', '생신한 음식', '신선하다'… 이런 식으로 뜻이 파생했다.

먼 옛날에는 '鮮'자의 기본 뜻이 물고기이기 때문인지 '鮮'자를 지명으로 쓴 예를 찾아볼 수 없다. 만약 조선의 '선'자가 汕에서 온 것이 아니라 본래 '鮮'자였다면 변방을 오랑캐라고 비하하는 중국학자들이 비하하는 말 '鮮'을 그대로 쓰면 썼지 구태여 '汕'에서 왔다고 할 이유가 없다.

언어는 약정속성約定俗成을 원칙으로 한다. '朝鮮' 두 자를 천하 사람이 다 'cháoxiān'으로 읽으므로 기실 상기의 문제점이 있더라도 이 음으로 읽는 것이 마땅하다. 지금 와서 구태여 고쳐 부른다는 것은 언어 취급의 기본 원칙과 너무나도 어긋난다. 하물며 이렇게 고쳐 읽을 확실한 근거도 없으니 더 말할 것 없다.

24. 한중간 고유명사 논란

한중 양국이 수교하기 전부터 한국 측은 중국이 '서울'을 '한성漢城'이라 부르지 말아 달라는 요구를 제출하였다. 수교 후에는 이 요구가 더욱 절박하였다. 그러나 장장 10년 정도 걸려서야 '首尓(서

우얼)'로 불러주기 시작하였다. 내막을 잘 모르는 한국 국민은 중국에 의견이 많았으며 심지어 중국이 대국주의를 휘두르며 서울을 '한성'이라 고집한다고 오해하는 사람도 있었다.

사실은 한국이 이런 요구를 제출하자마자 중국은 즉각 이 청구를 받아주었다. '서울'을 '한성'이라 부르지 않으면, '그럼 어떻게 불러 달라고 하는가? 당신들이 이름을 지어 우리에게 알려 달라.'였다. 한국 측에서 '서울'이라는 음에 어느 한자를 써야 좋을지 몰라 10여 년 고민하다가 마침내 '首尒' 두 자를 고안해낸 것이지 중국이 질질 끌며 한국의 요구를 받아주지 않은 것이 아니다. 사실 '首尒'은 잘 지은 이름이 못된다. 한자문화권에서 지명에 '尒'자를 안 쓰니 말이다.

사실 중국과 한국 사이에 고유명사의 논란이 이것뿐 아니다. '한성漢城−서울(首尒)', '남조선−한국', '중공−중국' 등은 이미 해결된 것이고 아직 현안으로 남은 것이 적지 않다. 단 이런 문제에 대하여 중국은 비교적 대범하며 한국처럼 옹졸하게 걸고 들지 않을 따름이다.

우선 '중국'이라는 칭호도 문제점이 없는 것이 아니다. 한국은 중국의 고유명사를 현대 한어 보통화普通話(표준어) 발음대로 적고 있는데 그러면 '中國'을 '중궈'라고 표기해야 맞다. '北京, 上海'는 한어 발음 '베이징, 상하이' 등으로 적으며 '中國'은 왜 한어 발음대로 '중궈'라 적지 않고 1000여 년 전에 이미 사라진 음 '중국'으로 적는가?

한국이 중국의 '香港'과 '奧門'을 '샹강'과 '아우먼'이라 부르지 않고 '홍콩'과 '마카오'라 부르는 것에 대해 중국이 시비를 걸면 큰 시비꺼리이다. '중국으로 회귀한지 오란데 왜 아직 식민지 때 부르던 낡은 이름을 계속 쓰고 있느냐?' '중국이 한국을 "조선총독부"라고 불러주면 당신네 동의하는가?'라면 한국이 어떻게 대꾸할 판인가?

한국이 '국제 사회에서 "홍콩", "마카오"라고 부르므로 그렇게 부르는데 무슨 잘못이냐?'고 변명하겠지만, 그렇다면 '중국이 한국을 국제 사회에서 부르는 것처럼 "코리어(Korea)"로 부르면 한국이 동의할 것인가? 만약 국제 사회에서 부르는 것에 따른다면 왜 중국을 "차이나(China)"라고 부르지 않느냐?'고 반박하면 어떻게 대꾸할 것인가?

'서울'이면 어떻고 '한성'이면 어떤가?'라는 중국 사람의 질문에 가장 유력한 반박이 '서울대학으로 보낸 편지가 한성대학으로 잘못 가거나 한성대학으로 보낸 편지가 서울대학으로 잘못 간다.'이다. 이렇게 잘못 간 편지가 10년에 몇 번 되는가? 아마 가물에 콩 나듯 할 것이다. 이는 위의 '홍콩' '마카오'의 시비에 비하면 아무것도 아니다.

필자는 1991년 말 한국경제를 소개한 70만 자 편폭의 책자를 써 중신출판사中信出版社에서 출판한 적이 있다. 이 책은 한국 모 신문사 및 연구소와 중국국제신탁공사中國國際信託公司 간의 협력 프로젝트이며, 해당 신문사가 책임지고 1,000달러짜리 광고 50개를 본 책에 내기로 약속하고 시작한 것이다. 1991년에 두 나라가 수교될 것으로 추측했던 것이 수교가 되지 않자 원래 『한국경무수책韓國經貿手冊』

으로 시작한 책 이름이 『남조선경무수책南朝鮮經貿手冊』으로 바뀌게 되었다. 책 이름에 '남조선'이라 했다며 그 신문사에서 끝내 광고를 유치해 주지 않아 중신출판사는 엄청난 적자를 보았으며 필자도 2년간 거의 헛수고를 하였다. 자기네는 공공연하게 '중공'이라 하며 '한국'이라 표기해야 한다고 억지를 쓴 것이다.

이런 논란은 지명, 국명뿐 아니다. 본문에서는 아직 남은 현안으로 볼 수 있는 '중국어中國語' 문제도 운운해 보련다.

지금 세계 각국에서는 중국 주체민족 한족漢族의 언어 '한어漢語'를 한국이나 일본에서는 '중국어'라 부르고 영어권에서는 '차이니스 랑구이즈(Chinese Language) 또는 차이니스(Chinese)'라고 부른다. 그러나 중국에는 '중국어'라는 명사가 없다. 지난 세기부터 한어를 '국어國語'라고 했었다. 이는 '중국어中國語'의 생략어로 볼 수도 있지만 중화인민공화국中華人民共和國이 성립된 후에는 이내 없애버리고 '한어'로 고쳐 부른다. 그 이유는 중국에는 56가지 민족이 있고 각 민족은 각자가 쓰는 언어와 문자를 포함해 일률로 평등한데 한어만을 '국어' 또는 '중국어'라고 부르면 대한족주의의 혐의가 있다는 논란 때문이다.

중국 어학 거장이며 필자의 스승인 북경대학 교수 왕력王力 선생이 새 중국 건국 전에 쓴 저서 『중국음운학中國音韻學』을 새 중국 건국 후 재판할 때 『한어음운학漢語音韻學』이라 이름을 고쳤다. 그러면서 '『중국음운학』이라 하면 대한족주의의 혐의가 있기 때문에 이렇게 이름을 고친다'는 성명聲明을 붙였다. 이런 차원에서 본다면 중국 내 56개 민족의 언어를 망라해 '중국어'라고 부를 수 있다는 잠재적인 개념이 생긴다. 한어는 그 중의 한 언어에 불과하며 따라서 중국 내 각 소수민족이 쓰는 언어도 모두 중국어 중의 하나라고 할 수 있다는 말이다.

　황당무계한 논리 같지만 결코 필자의 말장난이 아니다. 문혁 때 연변대학에서 '중문계中文系' 산하에 조선어와 한어 두 가지 전공을 설치한 적이 있다. 이런 조치는 위의 논리대로라면 맞는 것 같기도 하지만 조선족들의 강렬한 거부감을 불러일으켜 이내 없애버리고 말았다. 아마 여타 소수민족도 자기네 말을 '중국어'라고 부르는 것을 원치 않아서인지 '중국어'라는 명사는 좀처럼 유행되지 않고 있다. 아니, 공식 어휘로 쓰지 못한다. 필자가 본 책에 '중국어'를 일률 '한어'로 표기한 것은 이런 차원이며 한국 출판물에서 '중국어'를 '한어'라 표기한 첫 책일지도 모른다.

　중국 각 대학에 중문계, 즉 중국언어문학계가 있다. 그들이 한어 문학만 취급하면 '한어문학계'로 이름을 고쳐야 한다. 그래서 '중국 소수민족 문학'이라는 과목을 설치하고 있다. 적어도 북경대 중문계는 이렇게 하고 있다. 그러나 소수민족 언어는 취급하지 않으므로 56개 민족의 문학을 망라하는 문학 즉 '중국문학'은 있어도 56개 민족의 언어를 망라하는 언어, 즉 '중국어'는 없다.

　역사적으로 한국에서는 '중국어'라는 말을 쓰지 않았었다. 고려 때 중국어를 배우는 교과서『노걸대老乞大』의 '乞大(키따)'는 '거란契丹'의 음역이다. 좀 후 조선 때 나온『박통사朴通事』에서는 중국어를 '한아어언漢兒語言'이라 불렀고 또 후에는 '화어華語', '관화官話', '한漢말'이라고 불렀다. 그러니까 한국에서 '중국어'라는 말을 쓰기 시작한

지는 몇 십 년밖에 안 된다.

한국에서 '중국어'를 '한어'라고 고쳐 불러주어야 도리상, 예의상 맞다. 이는 '서울'이냐, '漢城'이냐 보다 더 심각한, 중국의 정치제도 와 관계되는 문제이다. 단 중국은 한국이 '중국어'라 부르건, '한어' 라 부르건 상관하지 않을 따름이다.

25. '한자어=한어'는 오해

한국어에는 한자어가 약 60% 정도 된다. 이를 한국인이 중국어 를 배우는 데 꼭 유리하다고만 볼 수 없다. 한자어가 곧 중국어라고 생각하면 큰 오해다. 비록 같은 한자로 표기된 단어지만 중국어와 뜻이 다를 수도 있고, 용법상 틀릴 수도 있다.

1. 형태는 같아도 뜻이 다름. '道具'는 한자어는 일할 때 쓰는 연장, 이를테면 호미, 삽 등이다. 그러나 한어에서 '道具'는 무대 장치나 연출에 쓰이는 물품, 이를테면 가짜 산, 가짜 총, 가짜 집 등만을 일컫는다. 한국어의 '도구'를 한어에서는 '工具'라고 한다. '愛人'은 한자어에서 그저 '사랑하는 사람'이나, 한어로는 '법적인 배우자', 즉 '처'나 '남편'이다. 한어에서는 '애인'을 '情人', '情夫', '情婦'라고 말한다.

2. 긍정, 부정 혹은 중성 등 성격의 차이. 한자어에서 '景氣'는 중성, 즉 '경제상태'를 말한다. 상태가 좋으면 '호경기' 혹은 '경기가

좋다' 하고, 상태가 나쁘면 '불경기' 혹은 '경기가 나쁘다'고 한다. 한어의 '景氣'는 '상태가 좋다'는 뜻이다. 좋지 않을 때는 '不景氣'라 하지만 좋을 때는 그저 '景氣'라고 하면 되지 '景氣好', '好景氣'라 하면 안 된다.

3. 포폄褒貶상의 차이. '遊說'를 한자어에서는 좋은 뜻으로 쓴다. 한어에서 '遊說'는 나쁜 의미로, '돌아다니며 그럴듯한 말로 다른 사람을 꾀다'는 뜻이다. 유명 정치인이 선거유세를 한다면 한국에서는 뜻이 통하지만 중국에서 그렇게 말하면 상대방을 모욕하는 오해를 빚어낸다. 한어로 유세에 해당하는 말은 '演講' 또는 '講演'이라고 해야 맞다.

4. 문법적 기능상의 차이. 한자어에서 '永遠'은 다양한 문법으로 쓸 수 있다. '영원토록 사랑하다', '영원한 사랑', '사랑은 영원하다' 등 부사어, 관형어, 술어로 다 쓰일 수 있다. 그러나 한어에서는 '永遠'이 부사어로밖에 쓰이지 않는다. '他永遠在我人中(그는 영원토록 나의 마음속에 있다)' 식이다. 영원이란 뜻을 관형어로 쓰려면 '永恒'으로 바꾸어 '永恒的愛情(영원한 사랑)'으로 해야 하고, 술어로 쓰려면 '愛情永久(애정은 영원하다)'로 해야 한다. 한어에 '永遠的愛情'이나 '愛情永遠'이란 말은 없다. 위에 든 예 '景氣(명사, 한자어/형용사, 한어)'도 이에 속한다.

5. 시대적 분기分期 차이. 한어 어휘의 뜻은 시대에 따라 끊임없이 변하는데 한자어의 의미도 한어와 발을 맞추어 변한 것이 아니다. 한어 '走'자에 '뛰다(고대 의미)' '걷다(현대의미)' 등 뜻이 있지만 한자어에는 '뛰다'의 의미밖에 없다. 한자어의 주행走行, 분주奔走, 질주

疾走, 도주逃走 등에서 '走'는 다 '뛰다'의 뜻이다. 한자어에서 '走'를 '걷다'의 뜻으로 쓴 예는 없다.

이상에서 보다시피 '한자어=중국어'라는 식의 인식은 큰 오해다. 필자의 통계에 따르면 고유명사를 제외하고 한자어와 같은 한자로 표기된 한어가 완전히 일치한 예는 50%를 조금 웃도는 정도밖에 안 된다. 한자어는 한국어이지 한어가 아니라는 인식을 확고히 할 필요가 있다.

제 6 장

한국 한자어 사용상의 오류

현재 한국에서 한자어를 '바르게 쓰지 못하는 현상'을 무난히 발견할 수 있다. '바르게 쓰지 못하는 현상'이라 함은 써야 할 경지의 의미와 그 경지에 쓴 한자어의 뜻이 틀림을 말한다. 아래에 필자가 발견한 오류의 일부만을 이야기해 보려고 한다.

1. 보행

지하철을 탈 때마다 오르내리는 계단에 '우측보행'이라 쓴 글을 보게 된다. 틀린 표기이다. 마땅히 '우측통행'이라고 해야 한다.

인간이 이동할 때는 그 동작을 모두 합하면 주행走行(뛰다), 보행步行(걷다), 포복행匍匐行(기어가다), 곤행滾行(딩굴다), 비행飛行(날다), 파행爬行(배를 땅에 대고 기다) 등이 있다. '우측보행'이라 함은 '우측으로 걸어라/걷는다'이다.

어느 익살 궂은 사람이 좌측으로 뛰어가며 우측으로 올라가거나 내려가는 사람들과 역행하였다고 하자. 관리자가 그를 제지시키며 우측으로 가라고 하면, 뛰어가던 사람이 '그건 보행하는 사람이 가는 길이고 나는 주행하는 사람이므로 우측으로 가지 않아도 될 것이 아닌가?'라고 말하면 관리자가 할 말이 없게 되지 않겠는가?

필자는 한국의 가는 곳마다에서 '우측보행'만을 접했다. 단 필자가 병을 보는 대림 1동에 위치한 한림대학 강남성심병원의 계단에서 '우측통행'이라는 맞는 표기를 보았다.

중국 같으면 '국가언어문자위원회'라는 권력기관이 있으며 어느 누가 그곳에 '우측보행이란 표시어가 적합하지 않다'라고 반영하면 이내 찾아가서 고치도록 강요한다. 국가언어문자위원회는 권력기관이므로 강제로 집행시키는 권력이 있는 기관이기 때문에 그들의 말을 듣고 고쳐야 한다. 한국에는 언어문자를 관장하는 권력기관이 없는 것이 큰 문제점이다.

2. 임산부

지하철을 탈 때마다 이런 방송을 들을 수 있다. '임산부에게 자리를 양보하여 주시기 바랍니다. 겉으로 표시가 나지 않는 초기 임산부에게도 배려하여 자리를 양보하여 주시기 바랍니다.'

사전을 찾아보니 '임산부'는 '姙産婦'의 한자어이다. ① '임신된 부녀', ② '임신되어 해산에 임박한 부녀' 두 가지 뜻을 다 포함하는 말이 될 듯하다. 의미 ②의 차원에서 보면 '임산부'라는 말이 '姙産婦'가 아니라 '臨産婦'의 한자어일 가능성도 있겠다. 그러나 '겉으로 표시가 나지 않는 초기 임산부에게도 배려하여 자리를 양보하여 주시기 바란다.'라고 부언한 것을 보면 ① '임산부姙産婦'라는 뜻으로 썼음이 분명하다.

그렇다면 '임신부姙娠婦'라 하면 딱 들어맞는데 말이다. 남자의 정자와 여자의 난자가 결합된 그 순간부터 시작하여 아기가 출산되어 첫 울음소리가 나기 전까지 모두 '임신부'이다. 그러면 방송에 '겉으로 표시가 나지 않는…'이란 말을 할 필요가 추호도 없지 않는가?

3. 정형외과

한국에 콧등을 높여주거나 눈의 쌍꺼풀을 해주는 등으로 얼굴을 예쁘게 해주는 시술을 하는 병원을 정형외과整形外科병원이라고 한다. 이름을 잘못 지었다고 본다. 정용외과整容外科(용모를 바르게 고쳐

주는 외과)라고 해야 적절하다. 정형이라고 하면 팔이나 다리를 바르게 고치는, 말하자면 온 몸의 잘못된 부위를 고치는 행위를 모두 일컫는 말이다. 물론 얼굴의 잘못된 부분을 고치는 것도 포함될 수 있을 것이지만.

정용이라 하면 개념의 외연을 퍽 줄여 단지 얼굴의 잘못 생긴 부위를 고치는 행위를 말한다. 필자가 목격한 대부분 정형외과는 단지 얼굴을 바르게 고쳐주는 병원이었다. 이런 병원은 중국인을 상대로 하고 싶어 하며 사실 중국 고객이 한국고객보다 더 많다고 한다. 중국인을 상대로 한다면 더욱 정용외과라고 이름지어야 적절하며 중국인의 호감을 더 살 수 있다.

4. 탈의실

필자는 한 번은 골다공증이 있는지를 검사하려 병원에 간 적이 있다. 진찰실 앞에 가니 관리자가 필자의 서류를 접수하고 약 반시간 기다려야 병을 볼 수 있다고 알려주는 것이었다. 그러면서 먼저 탈의실脫衣室에 가서 옷을 벗으라는 것이었다.

필자는 반시간 기다려 병을 보게 되는데 왜 벌써 옷을 벗겠는가 생각하며 옆의 걸상에 앉았다. 그러니 관리자가 옷을 벗으라고 독촉하여 마지못해 탈의실에 들어갔다. 알고 보니 옷을 벗는 것이 아니라 병원의 옷을 갈아입는 것이었다.

나는 부득불 쓴 웃음을 지었다. '탈의실'이란 이름을 잘못 지었기 때문이다. '탈의실脫衣室'이라고 할 것이 아니라 '갱의실更衣室'이라고 이름을 지어야 할 것이 아닌가? '탈의실'이라고 하면 옷을 벗는다는 뜻이고 '갱의실'이라고 하면 옷을 갈아입는 뜻이니 말이다.

필자는 관리자에게 '탈의실'을 '갱의실'로 고칠 것을 건의하였다. 간호사는 병원 책임자에게 말해 보겠노라고 하였다. 후에 그 병원에 여러 번 갔지만 여전히 '탈의실'이라 하며 고치지 않고 있다. 다른 병원에 가도 모두 '탈의실'이다. 아마 전 한국의 병원이 다 '탈의실'이라고 하는 듯하다.

고칠 '更(갱)'자는 한국인에게 아주 익숙한 한자이며 광범위하게 사용된다. 이희승 저 『국어대사전』에 '更'자를 포함한 어휘가 19개나 수록되어 있다: 갱기更起 갱년기更年期 갱독更讀 갱무更無 갱문更問 갱문更聞 갱봉更逢 갱생更生 갱선更選 갱소更蘇 갱소년更少年 갱신更新 갱신생更新生 갱위更位 갱정更正 갱정更定 갱지更紙 갱진更進 갱환更換. 이렇듯 한국인에게 익숙하고 또한 의미상 맞는 '갱의실'이라는 단어를 왜 안 쓰는지 이해가 가지 않는다.

5. 한일합방

필자는 수십 년 전부터 한국에서 '한일합방'이란 말을 제발 쓰지 말았으면 좋겠다고 생각하여 왔다. 이 말은 한국이 치욕적인 역사를 기꺼이 인정하는 것으로밖에 풀이되지 않는다.

사전에서 '한일합방'이란 올림말을 찾아보니 '1910년 8월 29일한일합병 조약에 의하여 한국의 통치권을 일본에 빼앗긴 국치의 사실史實'이라 적혀 있다. 일본의 강박에 못 이겨 나라를 빼앗긴 이 조약의 이름이 어떻게 되었건 우리의 입장에서 어떻게 이런 명사를 쓸 수 있는가? '한'자가 앞에 있고 '일'자가 뒤에 있으므로 엄격히 따지면 한국이 주동적으로 일본에 나라를 바친 것으로밖에 풀이되지 않는다. 적어도 '일한합방'이라 하던가, 정확한 표현은 '일한병탄日韓併呑'(일본이 한국을 삼킴)이라고 하여야 한다.

필자는 몇 년 전 북경의 민족출판사에서 칼럼 집을 출판한 적이 있다. 필자원고의 '일한합방'을 출판사 측에서 '일한병탄'으로 고쳤다. 출판사의 편집이 코웃음을 하며 '일한합방', '이런 말도 안 되는 소리가 정교수의 원고에 나타나다니'라는 것이었다.

필자는 창피하여 얼굴을 붉히며 '한국에서 "한일합방"이라 하는 것을 저는 "일한합방"이라고 하였는데요.'라고 하니, '물론 "일한합방"이 "한일합방"보다는 나을지 몰라도 이건 안 됩니다'라는 것이었다.

6. 痴

언젠가 KBS 아침마당에 어느 한 의학전문가의 의학 특강이 있었다. 노인의 치매에 관한 특강이었다.

전문가는 등장하자마자 칠판에 '痴=疒+知'자를 크게 써놓고 '여러분, 왜 치매에 걸리는지 아십니까? 아는 것이 많아서 걸립니다.

무식한 사람은 치매에 안 걸립니다.'라는 말로 특강을 시작하였다.

필자는 아연실색하였다. '痴'자는 형성形聲문자(글자의 반은 형形—뜻을 나타내고, 반은 성聲—독음을 나타내는 한자)로서 '疒'은 병을 의미하지만 '知'자는 '痴'자의 뜻과 추호의 상관없이 독음만 나타내는데 전문가라는 사람이 이런 헛소리를 하니 아연실색하지 않을 수 없었다.

더 황당한 것은 '痴'자의 정자는 '癡'이다. 정자 '癡'를 중공정부가 간체화하여 '痴'라 쓴 것이다. 아마 1958년경부터 썼으니 쓴지 60여 년밖에 안 된다. 지금 대만, 홍콩이나 세계 각 나라에 널려 있는 화교들은 당연 치매에 '癡'자를 쓰지 '痴'자는 안 쓴다. 한국이 '痴'를 들여다 쓴 역사는 한중수교 이후이니까, 30년밖에 안 될 것이고. '癡'자를 『중한사전』에서 찾아보니 '어리석을 치'로 되어 있다. '痴'면 아는 것이 많아서 걸리는 병이고 '癡'면 의심이 많아서 걸리는 병이 되지 않겠는가? 너무나 황당무계하다.

중국에도 이렇게 한자를 마구 해석하는 현상이 존재하지 않는 것은 아니다. 단 문자유희에 국한될 뿐이다. 이를테면 '두 사람(二人)이 하늘을 보니 하늘이 아니로다. 이 글을 알아맞혀라'라고 하면 '夫'자가 정답일 것이다. '소(牛)가 외나무다리(一)를 건너도다. 이 글을 알아맞혀라'라고 하면 '生'자가 정답일 것이다. '여자(女) 혼자서(一)는 절반의 밭(田)밖에 심어 먹지 못한다. 이 글을 알아맞혀라'라고 하면 '妻'자가 정답일 것이다.

명색이 전문가라는 사람이(물론 한자 전문가는 아니지만) 이런 문자유희 수준의 말을 학술 논문에 써 먹으니 가소롭지 않은가.

7. 出

몇 년 전 조선일보의 칼럼에서 '출세出世'라는 제목의 칼럼을 본 적이 있다. 그는 다짜고짜로 '出'자의 해석으로부터 시작하였다. 해석한다는 말이 '出'자는 '山'자를 두 개 겹쳐놓은 글자이다. 사람이 출세하려면 깊은 산으로 들어가고 또 들어가서 도를 닦아야 출세한다는 뜻이라는 것이다. 깊은 산으로 들어가고 또 들어가므로 '山'자 두 개를 겹쳐놓았다는 것이다.

역시 삶은 소대가리가 앙천대소할 웃음거리이다. 갑골문을 찾아보면 '出'자는 '�凵'처럼 생긴 구덩이 두 개를 그려놓고 그 속에서 왼발과 오른발을 연이어 **빼**내는 모양이다. 山과는 아무런 상관이 없다.

8. 甲乙名家

팔자가 사는 아파트단지 옆에 '갑을명가甲乙名家'라는 아파트단지 하나가 있다. 이름을 잘못 지었다고 본다.

옥편을 찾아보면 '家'는 '집-가'로 되어 있다. 그러나 '家'는 주요로 인간이 사는 물질적 집을 일컫는 것이 아니라 인간 집합체의 사회적 요소를 말한다. 이를테면 '가정家庭', '가족家族' 등이다. 물질적 집을 확실하게 표현하려면 '가택家宅' '가옥家屋' '저택邸宅' 등으로 표현하여야 한다. 그러면 앞의 아파트단지 이름을 '갑을명택', '갑을명옥', '갑을명저'라 지어야 바람직하다.

위의 아파트단지를 '名家'라고 하면 사회적으로 유명한 사람들이 사는 집으로밖에 해석이 되지 않는다. 그것도 '甲乙'명가라고 하였으니 유명한 사람 중의 더 유명한 사람을 일컫는다. 이를테면 작가, 화가, 무용가, 가수, 대학교수, 국회의원 등이 사는 아파트단지겠지 하고 짐작할 수밖에 없다. 사실은 해당 아파트 단지에 사회의 각 계층의 사람도, 이를테면 빈곤층, 무명無名의 인간들도 많이 사는데 말이다.

몇 년 전 어느 사람으로부터 이런 전화가 걸려 왔다. 모 대학의 창립인을 기리는 공원을 만들고자 하는데 '***園'이 좋은가 아니면 '***苑'이 좋은가라는 문의의 전화였다. 필자는 물론 '***苑'이 좋다고 답하였다. '園'하면 화초나 심고 동물을 기르는, 말하자면 자연만을 일컫는 뜻이지만 '苑'하면 '園'이란 뜻을 포함하며 더불어 사회적 요소, 이를테면 '藝苑', '文苑' 등 문화의 요소를 나타내기 때문이다. 위의 '갑을명가'와 같은 맥락이다.

9. 宗

기독교의 설교를 들을 때 '宗'자를 써먹는 전도사에 무난히 부딪치게 된다. 그의 설교에 따르면 종교는 하나님의 지시를 받는 것이라고 한다. 'ㅗ'은 하늘이고 '示'는 '교시하다, 하느님의 교시를 받다'의 뜻이라는 것이다.

'宀'은 하늘이 아니라 집이다. 갑골문이나 금석문을 보면 '宀'은 확연하게 집의 형태이다. '示'는 제물을 올려놓은 제기라는 뜻이다. 위의 '一'은 제물음식이고 아래는 세발가진 제기이다. 결국 '宗'자는 제사를 지내는 집이다. 즉 사당쯤 되는 곳이다. 그러므로 '종묘', '종친'이라는 뜻으로 쓰인다.

기독교는 하나님을 믿는, 즉 천연天緣의 문화이고 유교는 조상을 기리는, 즉 혈연血緣의 문화이다. 기독교에는 조상을 신앙하는 사상이 전혀 없으며 심지어 조상에게 제사를 지내는 일도 엄금한다. 기독교가 처음 중국에 진출할 때 중국의 박해를 받은 주요 원인이 조상도 무시하고(제사를 안 지내고) 여자(수녀)는 아기도 낳지 않는, 말하자면 비인간적인 교리이기 때문이라는 것이다.

'종'자가 기독교문화에서 반대하는 혈연문화의 상징인데 이를 하나님을 믿는 뜻으로 써먹는다는 것은 너무나 황당무계하다.

10. 船

기독교 선교사들은 걸핏하면 '船'자도 설교에 잘 활용한다.

'船'자는 '舟+八+口'이며 '여덟 사람이 배를 타다'로 해석하며 구약 『성경』의 노아방주를 의미한다는 것이다. 즉 노아방주의 역사적 사실을 근거로 '船'자를 만들었다는 것이다.

역시 어불성설이다. '船'자의 『說文解字』의 해석은 '船, 舟也. 从舟, 鉛省聲'이다. '鉛省聲'은 '鉛자의 음을 따왔지만 생략하여 鉛자의 오른쪽만 따다 썼다'이다. 鉛자의 오른쪽은 八+口가 아니다.

　한자의 창제는 갑골문이 시작이며 약 3500년 전의 일이다. 3500년 전 유태인이 살던 중동과 중국의 중원은 아무런 관계가 없었는데 어떻게 한자가 그곳에서 왔겠는가? 또한 인류가 선박을 만들어 쓴 역사는 언제, 어디서나 가능한데 하필이면 노아방주의 배에 근거하여 문자를 창조할 수 있겠는가? 아무리 보아도 도리상 맞지 않는다.